El
Cristiano
y el
Tribunal
de Cristo

El Cristiano
y el
Tribunal
de Cristo

LA GLORIFICACIÓN DEL CRISTIANO

AURELIO TERRONES H.

Número de Control de la Biblioteca del Congreso de EE. UU.:		2021909113
ISBN:	Tapa Dura	978-1-5065-3708-5
	Tapa Blanda	978-1-5065-3707-8
	Libro Electrónico	978-1-5065-3706-1

Información de la imprenta disponible en la última página.

Fecha de revisión: 07/05/2021

Para realizar pedidos de este libro, contacte con:
Palibrio
1663 Liberty Drive, Suite 200
Bloomington, IN 47403
Gratis desde EE. UU. al 877.407.5847
Gratis desde México al 01.800.288.2243
Gratis desde España al 900.866.949
Desde otro país al +1.812.671.9757
Fax: 01.812.355.1576
ventas@palibrio.com
708466

ÍNDICE

Dedicatoria

A mi amada esposa Claudia, quien ha
estado conmigo en los momentos buenos
y en los momentos de adversidad.

Agradecimientos

Sobre todo agradezco a Dios por dejarme vivir después de sufrir un grotesco accidente en Junio del 2020. En el que recibí una descarga eléctrica de 220 voltios, por alrededor de 40 segundos; que me dejo anémico; y al mismo momento una caída que resulto en la fractura de mi hombro derecho; por lo cual tuve que ser sometido a una cirugía en la que se me remplazo el hombro fracturado. Tengo la convicción de que el propósito de Dios de dejarme con vida; fue para poder hacer llegar al lector la serie de documentos; que hemos escrito durante nuestra carrera cristiana. Con el fin de aportar a la iglesia de Cristo, nuestra humilde opinión; acerca en los asuntos que competen a las enseñanzas de las Sagradas Escrituras. Agradezco al Doctor Jon G. McLennan, y la Doctora Nicole Record de "LA Bone and Joint Institute"; quienes me operaron y oraron por mí. Agradezco al personal de "Valley Presbysterian Hospital"; quienes me atendieron, e hicieron posible mi tratamiento médico. Agradezco a la Iglesia Misión Cristiana Dios Con Nosotros, por todo su amor y soporte en esos momentos difíciles.

Prólogo

El Pastor Aurelio Terrones Herrera, después de vivir una vida perdida en los vicios se convirtió al Señor Jesús en 1994, en la **Iglesia de Restauración ELIM**, en la filial del Valle de San Fernando California. En Septiembre del año 1996, se unió en matrimonio con la Hna. Claudia J. Terrones Orozco; con quien procreó dos hijas y un hijo. En el año 2003, se integró a la Iglesia el Buen Pastor; siendo ordenado al ministerio en el año 2006, para fundar y pastorear la Iglesia *Misión Cristiana Dios con Nosotros*; que está ubicada en el área de San Valley California. El Pastor Terrones cursó estudios en **Latin University of Theology**, obteniendo los diplomas en "**Bachelor of Theology**" y en "**Master of Theology**".

En este documento el Pastor Aurelio Terrones aborda el tema del Tribunal de Cristo. Para enfatizar que en las Sagradas Escrituras, se anuncian prometedores galardones; que en mucho tienen que ver con asombrosos cambios físicos y espirituales; que se habrán de operar en la futura naturaleza del genuino creyente. Con el fin de que se otorgue a la iglesia Cristo las potestades correspondientes, para realizar en tiempo y forma ciertas: encomiendas, misiones, o tareas específicas en los mil años, que durara el reinado de Cristo aquí en la tierra. Y una vez concluida esta etapa, los hijos de Dios puedan entrar a la eternidad futura, con todas las facultades necesarias; para gozar de un nuevo cielo y una nueva tierra.

Este folleto es resultado de una búsqueda de información por diferentes medios. Con todo, es responsabilidad de cada persona, escudriñar las Sagradas Escrituras, e informarse, acerca de los temas que hablan de los eventos futuros.

Introducción

En la escatológica bíblica "**El Tribunal de Cristo**" es un tema de doctrina, que trata de explicar el evento en el cielo; en el cual se ha de recompensar al cristiano, por la calidad de las obras que realizo; mientras estuvo en el cuerpo (1 Corintios 5:10).

Pero curiosamente el cristianismo moderno ha dejado de poner la atención debida a dicho evento, el cual parece a ver quedado eclipsado; al ser enfatizado más al hecho de qué un día vendrá el Señor para arrebatar a los suyos; lo cual es un acontecimiento no menos importante. Sin embargo el arrebatamiento de la iglesia, es por así decirlo: el inicio, o puerto de entrada hacia ese importantísimo acontecimiento llamado; el Tribunal de Cristo.

Un amplio número de pasajes escriturales, motivan al cristiano a permanecer en la fe; instándole a dar frutos de justicia en todos los días de su peregrinaje en esta tierra. Con la promesa de qué al final, Dios recompensará rica y abundantemente; a todos aquellos que se esforzaron con sinceridad por engrandecer, y expandir el reino de los cielos.

En este documento analizamos el hecho, de qué estas promesas de Dios sobre su iglesia; mucho tienen que ver con virtuosas potestades, que se habrán de imputar en la nueva naturaleza; que el cristiano adquirirá al momento del arrebatamiento; y poco tiene que ver con cuestiones estéticas, y deseados artefactos ornamentales.

Indaguemos pues en el perfil, que hoy presentamos de este tema. Ya que el conocer este asunto, desde este punto de vista; abra de hacernos entender lo trascendente que será ese evento, para nuestra naturaleza en particular.

Un Futuro Tribunal Para Juzgar al Cristiano

Los Juicios de Dios

El tema del Tribunal de Cristo, forma parte de lo que se conoce como los juicios de Dios hacia el género humano. Con la acentuación, de qué el juicio que se ha de ejercer en El Tribunal de Cristo, se habrá de ejecutar exclusivamente sobre la iglesia del Cordero; y acertadamente se ha hecho referencia a él, como el Juicio de la condecoración. Constituyéndose como la contraparte del juicio de la condenación; conocido como el Juicio del Trono Blanco.

El Tribunal de Cristo condensa la idea de un juicio, en el que se evaluaran las obras de cada cristiano en particular; para poder determinar el tipo de recompensa; que Dios habrá de conceder, o imputar a cada genuino creyente. Con el propósito de facultarle para reinar con Cristo por 1000 años, y después vivir en la eternidad futura; en el nuevo cielo y la nueva tierra, que Dios habrá de crear.

El Tribunal de Cristo, es el evento en el que el cristiano; habrá de cosechar lo sembrado para su Señor a lo largo de toda su vida. Ese es el momento establecido por Dios, para dar los reconocimientos; y las recompensas a su pueblo. Es el evento en el que se nos otorgará, el valor que nuestras obras en Cristo merecen. (1 Corintios 3:9-15)

2 Corintios 5
⁹ Por tanto procuramos también, o ausentes
o presentes, serle agradables. ¹⁰ Porque **es
necesario que todos nosotros comparezcamos**

ante el tribunal de Cristo, para que cada uno reciba según lo que haya hecho mientras estaba en el cuerpo, sea bueno o sea malo.

Apocalipsis 22
[12] He aquí **yo vengo pronto, y mi galardón conmigo, para recompensar a cada uno según sea su obra.**

Concepto de Juicio

El término español "Juicio", que proviene del latín **"iudicium"**, tiene diversos usos. Se trata, por ejemplo, de la facultad del alma que permite distinguir entre el bien y el mal; o entre lo verdadero y lo falso. El juicio es, por otra parte, una opinión, un dictamen, o un parecer[1].

Popularmente en el ámbito del derecho, la referencia al acto del **"juicio"** consiste en una discusión jurídica; entre dos partes en conflicto. Cuya causa se somete conforme a derecho, al conocimiento de un juez, o tribunal capacitado para resolver sobre el asunto en cuestión.

El desarrollo o proceso del **juicio,** suele valerse de testigos, pruebas y evidencias; con los que se habrá de sustentar el argumento; con el cual se pretende, ya sea el culpar, o exonerar; a una de las partes que están en conflicto

El **juicio** tiene como objetivo, el llevar a cabo la aplicación de la justicia, la cual es sustentada por leyes, pactos, normas, y acuerdos legales; con los que se suele dictaminar, o regular la causa, el caso, o alegato en cuestión. Esas leyes y acuerdos son el patrón principal, o base reguladora, para dictaminar la clase de castigo, o sentencia; que un ofensor, o delincuente merece. Así como también, con lleva la acción de reivindicar al ofendido, o víctima; obligando al ofensor a reparar,

---

[1] (Diccionario) definición de: https://definicion.de/juicio/

restituir, o remunerar adecuadamente al ofendido, todo lo adeudado.

Pero el concepto de Juicio, no solo se remite a las causas de la jurisprudencia; también se puede ejecutar un juicio personal, o colectivo; en el cual, en base de la razón, la lógica, o la conciencia; se trata de dar una opinión ante cualquier situación circunstancial. También se puede juzgar, o evaluar la efectividad de un producto; en base a estándares de calidad. Y desde luego que se puede ejecutar un juicio, para que conforme a las normas y reglamentos establecidos; se pueda certificar, o validar el triunfo de una persona en una competencia deportiva, lo cual le hace acreedor a un premio.

Etimología de Juicio en los Sagrados Escritos

En cuanto a la Etimología de **"Juicio"** en las sagradas escrituras; encontramos la palabra hebrea Mishpat מִשְׁפָּט (Strong's 4941). Con ella se trasmite la idea de (justicia, juicio, decisión, derecho, ordenanza)[2]. Mishpat se deriva de la palabra Shaphat (Shawfat) שָׁפַט (Strong's 8199)[3]; que significa juzgar y gobernar. En el uso de la palabra Mishpat, se implica la contraposición existente; entre lo bueno y lo malo; así como las consecuencias de tomar una, u otra posición. Por extensión, en esta palabra; se contiene, se evoca, o se resume; el establecimiento de la ley (el poder para legislar). La adecuada interpretación de las ordenanzas y el pronunciamiento del veredicto (el poder judicial). Y el fundamento legal de la autoridad, para ejecutar la sentencia (el poder ejecutivo).[4]

Para el acto de "juzgar", en griego encontramos dos palabras

1) krísis κρΐσΐς (Strong's 2920); (separar, distinguir, juzgar). Esta palabra enfatiza la idea de juicio, en su aspecto

---

[2] Mishpat מִשְׁפָּט (Strong's 4941): https://biblehub.com/hebrew/4941.htm

[3] Shaphat (Shawfat) שָׁפַט (Strong's 8199): https://biblehub.com/hebrew/8199.htm

[4] On Justice and Righteousness (mishpat & tsadaq). Por David Doty https://edensbridge.org/2012/01/11/on-justice-and-righteousness-mishpat-tsadaq-strongs-4941-6663/

cualitativo; y puede aplicarse ya sea a un veredicto positivo; o a un veredicto negativo[5]

2) krínō κρίνω (Strong's 2919) (distinguir, juzgar) se usa para "llevar a juicio" ante un tribunal de justicia. Significa separar, o distinguir entre lo correcto y lo incorrecto[6] (inocencia o culpa). Es decir, llegar a una conclusión; o decisión emitiendo un juicio, ya sea positivo (un veredicto a favor), o negativo (que rechaza o condena); en base a un estándar oficial (legal, ley); ya que solo se puede juzgar con precisión, cuando se tiene como base la palabra de Dios. Para que mediante una comparación inteligente, se pueda juzgar el contraste; entre la Ley establecida por Dios y la ejecución de una acción, o acto; para aprobar si ese acto es correcto, o justo. O en su contraste, rechazar dicha acción identificándola como incorrecta, injusta, o mala; en este último caso estaríamos hablando de un delito, o pecado.

---

5   krísis κρῐσῐς (Strong's 2920): https://biblehub.com/greek/2920.htm

6   krínō κρίνω (Strong's 2919): https://biblehub.com/greek/2919.htm

El concepto de Juicio según la Biblia

El concepto de "Juicio" según la biblia, consta igualmente de una amplia extensión, o gama de aplicaciones; y puede referirse: a la opinión de una persona, a la que se orilla a considerar una causa, o acto (Hechos 4:19; 1 Corintios 6:1-6; 11:13); al proceso de juzgar (Deuteronomio 1:17; 16:18-20), 1 Samuel 2:25; Malaquías 3:5); a la exhortación a someterse a los estatutos, leyes y ordenanzas dadas por Dios (Levítico 19:35-37; Deuteronomio 4:1-8); a la decisión de las autoridades judiciales (Levítico 19:15; Lucas 12:58); También se usa para señalarnos, a Dios como juez de todo el mundo; anunciando, o enviado una calamidad como castigo sobre una persona, o nación que ya sentencio (Jeremías 51:9; Mateo 8:28-32; 25:41; Juan 12:31; 16:11; Apocalipsis 17:1; Apocalipsis 19:2), a las decisiones expresas de la voluntad de Dios (Salmo 19:9), a la justicia en sí (Isaías 1:17); al advenimiento del Día del juicio (Apocalipsis 20:11-15).

Los juicios más notorios de Dios en la biblia; son los de Adán, Eva, y la serpiente; después de la caída (Génesis 3); la destrucción del mundo antiguo en la época de Noé, por las aguas del diluvio (Génesis 6:5); la confusión de lenguas en Babel (Génesis 11:1-9); el juicio de fuego y azufre, sobre Sodoma y Gomorra (Génesis 18:20); la destrucción de Egipto en la época del Éxodo (Génesis 15:13-14; Exodo12:12). Y lógico la promulgación del Día del Juicio (Apocalipsis 20:11-15). El propósito de los castigos anunciados y ejecutados;

en base a la función de los aparatos de justicia; según la biblia; es la purificación del alma y de las sociedades, para que cada individuo procure tener un buen comportamiento, busque la santidad, y se aparte del pecado (Romanos 13:1-10; 1 Pedro 2:13-18).

Ideas y cometario extraídos del sitio: Diccionario enciclopédico de Biblia y teología: https://www.biblia.work/diccionarios/juicio/#:~:text=Juicio%20(heb.,derecho%E2%80%9D%2C%20%E2%80%9Cjusticia%E2%80%9D.&text=T%C3%A9rmino%20que%20se%20puede%20referir,la%20justicia%20en%20s%C3%AD%20(ls. Diccionario Bíblico Evangélico. Diccionario Bíblico Mundo Hispano. Diccionario Bíblico Cristiano http://biblia.com/diccionario/

El Tribunal de Cristo, no es el Juicio final

El Tribunal de Cristo, es el evento que ha de desarrollarse en los aires, en las esferas del mundo espiritual; y es para cristianos que hayan experimentado el Arrebatamiento de la Iglesia; y por ende la vivificación y transformación de sus cuerpos. **El Tribunal de Cristo es una clase de juicio calificativo de calidades, en el cual se ha de recompensar al cristiano fiel**; en base a la obra que allá realizado para el Señor mientras estuvo en vida.

Los creyentes no debemos de caer en el error, de confundir el Tribunal de Cristo, con el Juicio Final. Ya que es muy fácil asimilar ambos eventos como uno solo; debido a la cosmovisión que presentan algunos textos escriturales; en los cuales parece describirse el Juicio Final de Apocalipsis 20:11-15; sin otro evento de juicio de por medio. Esta obvia confusión se genera, porque en el relato literario de esos textos; se contienen algunas características que conjugan en un mismo evento, la dúa acción de un juicio simultáneo; de condenación y de glorificación. Note algunos de estos pasajes.

1 Pedro 4
¹⁷ Porque **es tiempo de que el juicio comience por la casa de Dios**; y si primero comienza por nosotros, ¿cuál será el fin de aquellos

que no obedecen al evangelio de Dios? [18]
Y: Si el justo con dificultad se salva, ¿En
dónde aparecerá el impío y el pecador?

Eclesiastés 12
[14] Porque **Dios traerá toda obra a**
juicio, juntamente con toda cosa
encubierta, sea buena o sea mala.

Juan 5
[26] Porque como el Padre tiene vida en sí mismo,
así también ha dado al Hijo el tener vida
en sí mismo; [27] y también **le dio autoridad**
de hacer juicio, por cuanto es el Hijo del
Hombre. [28] **No os maravilléis de esto;**
porque vendrá hora cuando todos los
que están en los sepulcros oirán su voz;
[29] **y los que hicieron lo bueno, saldrán a**
resurrección de vida; mas los que hicieron
lo malo, a resurrección de condenación.

Mateo 25
[31] Y cuando el Hijo del hombre venga en
su gloria, y todos los santos ángeles con él,
entonces se sentará sobre el trono de su
gloria. [32] **Y serán reunidas delante de él todas**
las gentes: y los apartará los unos de los
otros, como aparta el pastor las ovejas de los
cabritos. [33] **Y pondrá las ovejas á su derecha,**
y los cabritos á la izquierda. [34] Entonces el Rey
dirá a los de su derecha: Venid, benditos de mi

Padre, heredad el reino preparado para vosotros desde la fundación del mundo. [35] Porque tuve hambre, y me disteis de comer; tuve sed, y me disteis de beber; fui forastero, y me recogisteis; [36] estuve desnudo, y me cubristeis; enfermo, y me visitasteis; en la cárcel, y vinisteis a mí. [37] Entonces los justos le responderán diciendo: Señor, ¿cuándo te vimos hambriento, y te sustentamos, o sediento, y te dimos de beber? [38] ¿Y cuándo te vimos forastero, y te recogimos, o desnudo, y te cubrimos? [39] ¿O cuándo te vimos enfermo, o en la cárcel, y vinimos a ti? [40] Y respondiendo el Rey, les dirá: De cierto os digo que en cuanto lo hicisteis a uno de estos mis hermanos más pequeños, a mí lo hicisteis. [41] Entonces dirá también a los de la izquierda: Apartaos de mí, malditos, al fuego eterno preparado para el diablo y sus ángeles. [42] Porque tuve hambre, y no me disteis de comer; tuve sed, y no me disteis de beber; [43] fui forastero, y no me recogisteis; estuve desnudo, y no me cubristeis; enfermo, y en la cárcel, y no me visitasteis. [44] Entonces también ellos le responderán diciendo: Señor, ¿cuándo te vimos hambriento, sediento, forastero, desnudo, enfermo, o en la cárcel, y no te servimos? [45] Entonces les responderá diciendo: De cierto os digo que en cuanto no lo hicisteis a uno de estos más pequeños, tampoco a mí lo hicisteis. [46] **E irán éstos al castigo eterno, y los justos a la vida eterna.**

Romanos 2

² Mas sabemos que **el juicio de Dios** contra los que practican tales cosas es según verdad. ³ ¿Y piensas esto, oh hombre, tú que juzgas a los que tal hacen, y haces lo mismo, que tú escaparás del **juicio de Dios?** ⁴ ¿O menosprecias las riquezas de su benignidad, paciencia y longanimidad, ignorando que su benignidad te guía al arrepentimiento? ⁵ Pero por tu dureza y por tu corazón no arrepentido, **atesoras para ti mismo ira para el día de la ira y de la revelación del justo juicio de Dios, ⁶ el cual pagará a cada uno conforme a sus obras: ⁷ vida eterna a los que, perseverando en bien hacer, buscan gloria y honra e inmortalidad, ⁸ pero ira y enojo a los que son contenciosos y no obedecen a la verdad, sino que obedecen a la injusticia; ⁹ tribulación y angustia sobre todo ser humano que hace lo malo, el judío primeramente y también el griego, ¹⁰ pero gloria y honra y paz a todo el que hace lo bueno, al judío primeramente y también al griego; ¹¹ porque no hay acepción de personas para con Dios.**

Es cierto que la Biblia enseña claramente, que todos los hombres; tanto vivos, como muertos; salvo, o no salvos; un día deben rendir cuentas ante Dios. Sin embargo el Tribunal de Cristo, no es el Juicio Final; a pesar de que simple vista en estos pasajes escriturales, pareciera que se promueve, o se anuncia la idea de un solo y único Juicio. Donde justos y pecadores son llamados a dar cuentas a Dios, sin que se denoten más eventos de índole jurídico, hacia los seres humanos.

Sin embargo hay suficientes textos en la biblia; para poder cimentar las bases doctrinales, en las que **se exhibe, otro tipo de juicio.** En el que **no hay condenados, solo personas salvadas;** que esperan su recompensa, o glorificación.

El Tribunal de Cristo será para los cristianos, la realización de un evento; en el que se tiene la finalidad de determinar, el tipo de galardón que abran de ameritar las obras, o servicio a Dios; que el cristiano realizo en vida. **Así que, este no es un juicio de condenación; sino de evaluación de premios y galardones, para personas salvadas.** Y obviamente para personas que; ya sea que hubieren muerto, o hubieren estado vivas; hayan experimentado el evento del arrebatamiento de Iglesia.

La doctrina de la seguridad de la salvación, y de la perseverancia de los santos; tienen un mismo tipo de idea. Que se enfoca en presentar al cristiano genuino; como alguien que ha sido justificado. Y por lo tanto, como alguien que tiene garantizada la salvación. Jesucristo vivió por nosotros una vida santa, que nosotros no pudimos vivir. El murió por nosotros la justa y terrible muerte, que nosotros no pudimos morir. Jesús tomando nuestro lugar en el calvario, pago el precio de nuestro perdón; y con ello limpio todos nuestros pecados. Así que no habrá ni una sola persona salva en el infierno; no hay juicio, no hay condenación para el hijo de Dios; Jesús finiquito la deuda que nos condenaba (Romanos 8:1-11; Pedro 2:24)

El Cristiano ya fue Juzgado en Cristo

En los siguientes textos se afirma, que **el cristiano ya ha sido procesado ante la ley de Dios; ya ha sido hallado culpable, también ha sido condenado, y ejecutado por sus pecados. A la vez que se nos dice, que ha pasado al plano de la inmortalidad del alma; la cual ha sido vivificada con el Espíritu del Dios Santo.** Y aunque el cristiano, aun este en calidad de ser humano normal; y también sigue experimentando todo tipo de tentación, así como la muerte física. El cristiano autentico es una nueva criatura, que ha sido dotada de toda facultad espiritual (Hechos 2:1-4; Efesios 6:10-18); para salir vencedor en su trayectoria por el mundo. En el cual vive sirviendo, y anunciando la salvación y gloria; que Dios promete, a los que arrepentidos de su vida pecaminosa; creen, y reciben; a Jesucristo como Señor y Salvador.

Hebreos 8
[12] Porque seré propicio a sus injusticias,
Y **nunca más me acordaré de sus pecados y de sus iniquidades.**

Hebreos 10
[17] añade: Y **nunca más me acordaré de sus pecados y transgresiones**

Miqueas 7

[19] El volverá a tener misericordia de nosotros; **sepultará nuestras iniquidades, y echará en lo profundo del mar todos nuestros pecados.**

Juan 5

[24] De cierto, de cierto os digo: El que oye mi palabra, y cree al que me envió, tiene vida eterna; y **no vendrá a condenación**, mas ha pasado de muerte a vida. [25] De cierto, de cierto os digo: Viene la hora, y ahora es, cuando los muertos oirán la voz del Hijo de Dios; y los que la oyeren vivirán.

Romanos 8

[1] Ahora pues, **ninguna condenación hay para los que están en Cristo Jesús**, los que no andan conforme á la carne, mas conforme al espíritu. [2] Porque la ley del Espíritu de vida en Cristo Jesús me ha librado de la ley del pecado y de la muerte.

Juan 6

[40] Y esta es la voluntad del que me ha enviado: Que **todo aquél que ve al Hijo, y cree en él, tenga vida eterna;** y yo le resucitaré en el día postrero.

Juan 11

[25] Le dijo Jesús: Yo soy la resurrección y la vida; **el que cree en mí, aunque esté muerto,**

vivirá. [26] Y todo aquel que vive y cree en mí, no morirá eternamente. ¿Crees esto?

2 Corintios 5

[1] Porque sabemos que **si nuestra morada terrestre, este tabernáculo, se deshiciere, tenemos de Dios un edificio, una casa no hecha de manos, eterna, en los cielos.** [2] Y por esto también gemimos, deseando ser revestidos de aquella nuestra habitación celestial; [3] pues así seremos hallados vestidos, y no desnudos. [4] Porque asimismo los que estamos en este tabernáculo gemimos con angustia; porque no quisiéramos ser desnudados, sino revestidos, para que lo mortal sea absorbido por la vida.

2 Corintios 5

[17] **De modo que si alguno está en Cristo, nueva criatura es; las cosas viejas pasaron; he aquí todas son hechas nuevas.** [18] Y todo esto proviene de Dios, quien nos reconcilió consigo mismo por Cristo, y nos dio el ministerio de la reconciliación; [19] que Dios estaba en Cristo reconciliando consigo al mundo, no tomándoles en cuenta a los hombres sus pecados, y nos encargó a nosotros la palabra de la reconciliación.

Romanos 6

[1] ¿Qué, pues, diremos? ¿Perseveraremos en el pecado para que la gracia abunde? [2] En ninguna manera. Porque los que hemos muerto al pecado, ¿cómo viviremos aún en él? [3] **¿O no sabéis que todos los que hemos sido bautizados en Cristo Jesús, hemos sido bautizados en su muerte?** [4] **Porque somos sepultados juntamente con él para muerte por el bautismo, a fin de que como Cristo resucitó de los muertos por la gloria del Padre, así también nosotros andemos en vida nueva.** [5] Porque si fuimos plantados juntamente con él en la semejanza de su muerte, así también lo seremos en la de su resurrección; [6] **sabiendo esto, que nuestro viejo hombre fue crucificado juntamente con él, para que el cuerpo del pecado sea destruido, a fin de que no sirvamos más al pecado.** [7] **Porque el que ha muerto, ha sido justificado del pecado.** [8] Y si morimos con Cristo, creemos que también viviremos con él; [9] sabiendo que Cristo, habiendo resucitado de los muertos, ya no muere; la muerte no se enseñorea más de él. [10] Porque en cuanto murió, al pecado murió una vez por todas; mas en cuanto vive, para Dios vive. [11] **Así también vosotros consideraos muertos al pecado, pero vivos para Dios en Cristo Jesús, Señor nuestro.**

Un Tribunal solo para Cristianos Genuinos

El Tribunal de Cristo, es un juicio de recompensas solo para los genuinos cristianos; que habiendo nacido de nuevo, se hayan mantenido firmes hasta el final. Aquí queremos aclarar, que las Sagradas Escrituras nos advierten de la triste realidad; de que no todos los cristianos, son genuinamente lo que profesan ser. Y aun que, bien es cierto que algunas personas parecen realmente cristianos; sin embargo no lo son. ¡Al menos; no son cristianos nacidos de nuevo! (Juan 3:3-8); son cristianos carnales, no espirituales; son cizaña, y no trigo; son lobos vestidos de ovejas. Son personas sin santidad, que viven para sus propios deleites. Son gentes que tienen una religión de corte cristiana; pero que no tienen a Cristo en su corazón. No han muerto a su vida vieja, y sus deleites siguen siendo los apetitos carnales; los cuales les instan a la vida de pecado, vicios, avaricias, e inmoralidades. Observe como los siguientes pasajes advierten a todo individuo; a que se examine así mismo; para que corrobore en base a las Sagradas Escrituras, qué tipo de persona es delante del Señor.

2 Corintios 13
⁵ Examinaos a vosotros mismos si estáis en la fe; probaos a vosotros mismos. ¿O no os conocéis a vosotros mismos, que Jesucristo está en vosotros, **a menos que estéis reprobados?**

Romanos 8

⁹ Mas vosotros no vivís según la carne, sino según el Espíritu, si es que **el Espíritu de Dios mora en vosotros. Y si alguno no tiene el Espíritu de Cristo, no es de él.** ¹⁰ Pero si **Cristo está en vosotros,** el cuerpo en verdad está muerto a causa del pecado, mas el espíritu vive a causa de la justicia.

Juan 14

²³ Respondió Jesús y le dijo: **El que me ama, mi palabra guardará;** y mi Padre le amará, y vendremos a él, y haremos morada con él.

Romanos 8

¹⁴ **Porque todos los que son guiados por el Espíritu de Dios, éstos son hijos de Dios.**

¹⁵ Pues no habéis recibido el espíritu de esclavitud para estar otra vez en temor, sino que habéis recibido el espíritu de adopción, por el cual clamamos: !!Abba, Padre! ¹⁶ **El Espíritu mismo da testimonio a nuestro espíritu, de que somos hijos de Dios.**

Mateo 25

¹¹ Después vinieron también las otras vírgenes, diciendo: ¡Señor, señor, ábrenos! ¹² **Mas él, respondiendo, dijo: De cierto os digo, que no os conozco.**

Mateo 7

[21] **No todo el que me dice: Señor, Señor,
entrará en el reino de los cielos**, sino el
que hace la voluntad de mi Padre que está en
los cielos. [22] Muchos me dirán en aquel día:
Señor, Señor, ¿no profetizamos en tu nombre,
y en tu nombre echamos fuera demonios, y
en tu nombre hicimos muchos milagros? [23] **Y
entonces les declararé: Nunca os conocí;
apartaos de mí, hacedores de maldad.**

Gálatas 6

[7] **No os engañéis; Dios no puede ser
burlado**: pues todo lo que el hombre
sembrare, eso también segará. [8] **Porque el
que siembra para su carne, de la carne
segará corrupción;** mas el que siembra para
el Espíritu, del Espíritu segará vida eterna.

Juan 15

[6] **El que en mí no permanece, será echado
fuera como pámpano, y se secará; y
los recogen, y los echan en el fuego,
y arden.** [7] Si permanecéis en mí, y mis
palabras permanecen en vosotros, pedid
todo lo que queréis, y os será hecho.

1 Timoteo 5

[5] Mas la que en verdad es viuda y ha quedado
sola, espera en Dios, y es diligente en súplicas y

oraciones noche y día. **⁶ Pero la que se entrega
a los placeres, viviendo está muerta.**

2 Timoteo 4
¹⁰ porque **Demas me ha desamparado,
amando este mundo,** y se ha ido a Tesalónica.
Crescente fue a Galacia, y Tito a Dalmacia.

1 Corintios 6
⁹ ¿No sabéis que los injustos no heredarán el
reino de Dios? **No erréis**; ni los fornicarios, ni los
idólatras, ni los adúlteros, ni los afeminados, ni
los que se echan con varones, **¹⁰** ni los ladrones, ni
los avaros, ni los borrachos, ni los maldicientes,
ni los estafadores, heredarán el reino de Dios.

Hebreos 6
**⁴ Porque es imposible que los que una vez
fueron iluminados y gustaron del don
celestial, y fueron hechos partícipes del
Espíritu Santo, ⁵ y asimismo gustaron de
la buena palabra de Dios y los poderes del
siglo venidero, ⁶ y recayeron, sean otra
vez renovados para arrepentimiento,
crucificando de nuevo para sí mismos al Hijo
de Dios y exponiéndole a vituperio.** **⁷** Porque
la tierra que bebe la lluvia que muchas veces
cae sobre ella, y produce hierba provechosa
a aquellos por los cuales es labrada, recibe
bendición de Dios; **⁸** pero la que produce

espinos y abrojos es reprobada, está próxima a ser maldecida, y su fin es el ser quemada.

Mateo 7

15 Guardaos de los falsos profetas, que vienen a vosotros con vestidos de ovejas, pero por dentro son lobos rapaces. **16 Por sus frutos los conoceréis. ¿Acaso se recogen uvas de los espinos, o higos de los abrojos? 17 Así, todo buen árbol da buenos frutos, pero el árbol malo da frutos malos.** **18** No puede el buen árbol dar malos frutos, ni el árbol malo dar frutos buenos. **19** Todo árbol que no da buen fruto, es cortado y echado en el fuego.

20 Así que, por sus frutos los conoceréis.

Reflexión de este comentario

Nunca deben tomarse los pasajes bíblicos; en los cuales, Dios se compromete a bendecir a los que creen en Él; como una pauta; para justificar las obras de la carne. La doctrina de la seguridad de la salvación; no debe de conceptuarse como un cimiento; que excuse al individuo, para justificar su proceder impío, o sus acciones pecaminosas. Y definitivamente; el genuino cristiano, no debe depositar su confianza, y su convicción de que es salvo; solo porque procedió a realizar ciertas: declaraciones de fe, se sometió a algunos rituales, o pasos religiosos, porque pertenece a la membrecía de una iglesia, o pose una biblia. O incluso sirva en una congragación, y hasta haya predicado en el pulpito, satisfaciendo el criterio de una organización religiosa; para poder certificar, que en efecto aquella persona es salva. Pero si en ese individuo, no se ha operado el nuevo nacimiento; con todos los cambios pertinentes en su vida (Juan 3:3-12). Entonces no se puede considerar a esa persona como alguien salva. Puede ser una persona religiosas y ritualistas; pero no una persona genuinamente cristiana.

No debemos engañarnos a nosotros mismos; si sólo nos hemos remitimos a este tipo de prácticas, y no hemos experimentado la transformación de nuestra mente y corazón (Jeremías 24:7; Ezequiel 36:26; Romanos 12:2). Si una persona cree que es salva, pero continúa con una actitud disoluta; sumergida en vicios; y en desacuerdo con el modelo de vida de santidad, que exige la palabra del Señor; entonces no es salva (Juan 14:23). Tampoco se puede asegurar que una persona es salva; cuando vive un cristianismo sospechoso, y distorsionado de los sagrados principios doctrinales; ya manifestados en la literatura sacra (2 Pedro 2:1). Esa actitud es nada segura; a pesar de que esta persona sea sumamente religiosa.

Recuerde que han existido miles de religiones en el mundo, y esto nos habla de que el ser humano es religioso por naturaleza. Pero todo eso es vano si vive lejos de los principios divinos (Mateo 7:21-23; 24:9; Juan 16:2) y no ha experimentado el Nuevo Nacimiento (Juan 1:13; 3:3-12)

Por lo tanto, todas estas personas no pueden ser salvas; y mucho menos ser recompensadas en el Tribunal de Cristo. Para ellos es el Juicio Final, también conocido como el Juicio del Trono Blanco, el cual es un juicio de condenación.

Mateo 7

²¹ No todo el que me dice: Señor, Señor, entrará en el reino de los cielos, sino **el que hace la voluntad de mi Padre que está en los cielos.** ²² Muchos me dirán en aquel día: Señor, Señor, ¿no profetizamos en tu nombre, y en tu nombre echamos fuera demonios, y en tu nombre hicimos muchos milagros? ²³ Y entonces les declararé: Nunca os conocí; **apartaos de mí, hacedores de maldad.**

Con la mirada En el galardón

Con la mirada en el galardón

El tema de las recompensas divinas, o más enfáticamente "El Tribunal de Cristo". Fue para los creyentes de antaño el foco de su atención, a lo largo de su santa carrera y peregrinaje por este mundo (Mateo 19:27-29; Lucas 14:13-14;). Y debe de atraer la mirada del creyente moderno, que ha puesto su vida al servicio de su Dios y Maestro.

Hebreos 11

²⁴ Por la fe Moisés, hecho ya grande, rehusó llamarse hijo de la hija de Faraón, ²⁵ escogiendo antes ser maltratado con el pueblo de Dios, que gozar de los deleites temporales del pecado, ²⁶ **teniendo por mayores riquezas el vituperio de Cristo que los tesoros de los egipcios; porque tenía puesta la mirada en el galardón.**

Hebreos 11

⁸ Por la fe Abraham, siendo llamado, obedeció para salir al lugar que había de recibir como herencia; y salió sin saber a dónde iba. ⁹ Por la fe habitó como extranjero en la tierra prometida como en tierra ajena, morando en tiendas con Isaac y Jacob, coherederos de la misma promesa; ¹⁰ **porque esperaba la ciudad que tiene fundamentos, cuyo arquitecto y constructor es Dios.**

Hebreos 11

¹³ Conforme a la fe murieron todos éstos sin haber recibido lo prometido, sino mirándolo de lejos, y creyéndolo, y saludándolo, y confesando que eran extranjeros y peregrinos sobre la tierra. ¹⁴ Porque **los que esto dicen, claramente dan a entender que buscan una patria;** ¹⁵ **pues si hubiesen estado pensando en aquella de donde salieron, ciertamente tenían tiempo de volver.** ¹⁶ **Pero anhelaban una mejor, esto es, celestial;** por lo cual Dios no se avergüenza de llamarse Dios de ellos; porque les ha preparado una ciudad.

2 Juan 1

⁸ Mirad por vosotros mismos, **para que no perdáis el fruto de vuestro trabajo, sino que recibáis galardón completo.**

Mateo 19

²⁷ Entonces respondiendo **Pedro, le dijo: He aquí, nosotros lo hemos dejado todo, y te hemos seguido; ¿qué, pues, tendremos?** ²⁸ Y Jesús les dijo: De cierto os digo que en la regeneración, cuando el Hijo del Hombre se siente en el trono de su gloria, vosotros que me habéis seguido también os sentaréis sobre doce tronos, para juzgar a las doce tribus de Israel. ²⁹ Y cualquiera que haya dejado casas, o hermanos, o hermanas, o padre, o madre, o

mujer, o hijos, o tierras, por mi nombre, recibirá
cien veces más, y heredará la vida eterna.

1 Corintios 9

[23] Y esto hago por causa del evangelio, para
hacerme copartícipe de él. [24] ¿No sabéis
que los que corren en el estadio, **todos a
la verdad corren, pero uno solo se lleva
el premio? Corred de tal manera que lo
obtengáis.** [25] **Todo aquel que lucha, de todo
se abstiene; ellos, a la verdad, para recibir
una corona corruptible, pero nosotros,
una incorruptible.** [26] Así que, yo de esta
manera corro, no como a la ventura; de esta
manera peleo, no como quien golpea el aire,
[27] sino que golpeo mi cuerpo, y lo pongo en
servidumbre, no sea que habiendo sido heraldo
para otros, yo mismo venga a ser eliminado.

Apocalipsis 21

[7] **El que venciere heredará todas las
cosas,** y yo seré su Dios, y él será mi hijo.

Recompensas

Con el Nuevo Pacto en Jesucristo, Dios promueve la salvación para aquellos que arrepentidos de su vida pecaminosa; proceden a creen en Jesucristo, convirtiéndose en sus discípulos. Pero con la alianza de este Nuevo Pacto, Dios también añade al cristiano: enormes bendiciones, dones, talentos; y potestades espirituales en esta vida temporal. Sin embargo las recompensas más gloriosas, sublimes y virtuosas; son las que el Creador ha reservado para imputarlas en el creyente; en el Tribunal de Cristo.

En ese evento, será evaluada la calidad del trabajo que realizo el cristiano; para la gloria del Señor. Y será solo hasta después, de que sus obras sean "probadas por el fuego" (1 Corintios 3:12-15); que Dios otorgara a cada uno en particular, el justo tipo de recompensas, que merecieren las obras que se hicieron para él.

Cabe señalar que el interés por las recompensas, es algo que intrínsecamente está ligado a la esencia moral de cada ser. Ya que las recompensas son parte integral, de un orden de retribución; que Dios ha establecido en sus leyes universales. La frase bíblica *"el obrero es digno de su salario"* (Mateo 10:10; Lucas 10:7; 1 Timoteo 5:18). Es una evidencia clara; de este orden sistemático de retribución y recompensas; que no solo se remite al ámbito material, sino también al espiritual. Y es que en efecto, literalmente cada persona cuando hace algún tipo de trabajo; espera recibir la paga, o salario que su desempeño laboral merece. Ahora la retribución, el adeudo, o el pago por el trabajo realizado; no es de ninguna manera un regalo; es una deuda que se debe saldar (Romanos 4:4).

Es este sentido Dios es justo y enormemente esplendido; así que no debemos ver como algo mezquino, el que todo cristiano espere recibir de Dios un pago, por el trabajo y dedicación realizada en la obra de Señor (Romanos 2:6-7; Apocalipsis 22:12).

Ese deseo por las recompensas y retribuciones, que ronda el interés de todo cristiano; se hizo evidente cuando fuimos representados por los discípulos. La ocasión a la que nos referimos, es cuando Pedro hizo al Maestro de Nazaret; una de las preguntas más coherentes, y razonables; respecto a lo que el cristiano debería de esperar como recompensa; por su dedicación, o su servicio a Dios.

Mateo 19
[27]Entonces respondiendo Pedro, le dijo: He aquí, nosotros lo hemos dejado todo, y te hemos seguido; ¿qué, pues, tendremos? [28]Y Jesús les dijo: De cierto os digo que en la regeneración, cuando el Hijo del Hombre se siente en el trono de su gloria, vosotros que me habéis seguido también os sentaréis sobre doce tronos, para juzgar a las doce tribus de Israel. [29]**Y cualquiera que haya dejado casas, o hermanos, o hermanas, o padre, o madre, o mujer, o hijos, o tierras, por mi nombre, recibirá cien veces**

más, y heredará la vida eterna. [30]Pero muchos primeros serán postreros, y postreros, primeros.

Este obvio interés que se denota en el texto, se genero a causa de lo pasmado que estaban los apóstoles después de oír la expresión lastimera de Jesús. Al lamentar que un joven acaudalado, obediente a los sacros mandamientos y estatutos mosaicos; haya optado por despreciar el llamado que Jesús le hizo, para integrarse su grupo de seguidores. Note que Jesús invito a este joven religioso y acaudalado, a que se integrara a su ministerio; poniéndole como condición, que dejara toda su riqueza en las manos de los pobres; para seguir la ruta del Maestro y su santo Evangelio (Mateo 19:16-26). Pero ante tales condiciones ese muchacho decidió apartarse de Jesús, prefiriendo las glorias terrenas, que las celestiales.

Debemos de observar que en ocasiones, Jesús no sólo puso como requisito para seguirle; que las personas dejasen todo tipo de bienes terrenales. También exigió a sus seguidores, poner los afectos en un orden; en el cual Jesús debería tener, o gozar del primer lugar; incluso aun sobre la vida propia. Note los siguientes pasajes.

Mateo 10

[37]El que ama a padre o madre más que a mí, **no es digno de mí;** el que ama a hijo o hija más que a mí, **no es digno de mí;** [38]y el que no toma su cruz y sigue en pos de mí, **no es digno de mí.** [39]El que halla su vida, la perderá; **y el que pierde su vida por causa de mí, la hallará.**

Lucas 14

[26] Si alguno viene a mí, y no aborrece
a su padre, y madre, y mujer, e hijos, y
hermanos, y hermanas, y aun también su
propia vida, **no puede ser mi discípulo.**

En realidad, Jesús demanda a todos y cada uno de nosotros a
que dejemos todo; o para ser más precisos, que desplacemos "el
todo", a un lugar inferior; y que Jesús sea el primero en nuestra
vida. Y si alguna cosa, es un obstáculo para seguir a Cristo; El
demanda el abandono, o renuncia a esa cosa; ¡cual sea! Para
muchos significara dejar sus trabajos; tal como Pedro dejo sus
redes en la playa para seguir al Maestro. Para otros significara
dejar a un familiar amado; que se opone al cristianismo. Otros
tendrán que dejar sus brillantes proyectos, para servir al Señor.
Todos tenemos que dejar nuestra vida vieja; llena de hábitos
buenos y malos; vicios, deleites y placeres pecaminosos.
Con el fin de ajustarnos, a los requisitos y reglas; que Jesús
antepone a todos sus seguidores. Y a cambio les promete una
Gloria, fuera de toda proporción (Apocalipsis 21:7). Respecto
a esto, el apóstol Pablo al captar el precio por seguir a Cristo;
expreso en sus escritos (Filipenses 3:4-16).

Romanos 8

[16] El Espíritu mismo da testimonio a nuestro
espíritu, de que somos hijos de Dios. [17] Y si
hijos, también herederos; herederos de Dios y
coherederos con Cristo, si es que padecemos
juntamente con él, para que juntamente con él
seamos glorificados. [18] **Pues tengo por cierto**

que las aflicciones del tiempo presente no son comparables con la gloria venidera que en nosotros ha de manifestarse

Antes de seguir a Cristo, Pedro ejercía su profesión de pescador; o sea, él sabía lo que tenía que hacer para vivir. Con este oficio, Pedro tenía un futuro inmediato; seguro, y predecible. Es lógico pensar que en algún momento pasó por la mente del apóstol el pensamiento ¿qué gano yo, con seguir y servir a Cristo? La categórica respuesta de Jesús a Pedro; no solo abarco su vida presente, sino también la futura (Mateo 19:27-30). Pero se requiere fe, disposición y entrega; para poder echar mano de esas promesas.

Pedro así como la mayoría de los apóstoles, y demás discípulos del Señor; no eran personas acaudaladas. Es más podríamos decir que fueron personas muy modestas; y sin ninguna relevancia de éxito empresarial. Note que incluso, cuando los apóstoles compadecieron ante el sanedrín; se les identifico como personas sin letras y del vulgo (Hechos 4:13). Sin embargo, aunque una persona no posea bienes materiales y sea de escasa intelectualidad; si posee afectos y dinámicas, que puede generar su persona; para la gloria del Señor. Es más, las personas que usualmente son más comprometidas con el Señor; son aquellos a quienes Dios, ha rescatado de una vida miserable y desastrosa (Lucas 7:47). Aunque en realidad, y sin excepción; todos los que han atendido su voz, aceptándole en su corazón; han sido librados de las miserias del alma, de la esclavitud del pecado, del diablo y de la muerte eterna (Romanos 6:17-23),

1 Corintios 1

26 Pues mirad, hermanos, vuestra vocación, que **no sois muchos sabios según la carne, ni muchos poderosos, ni muchos nobles;** **27** **sino que lo necio del mundo escogió Dios, para avergonzar a los sabios; y lo débil del mundo escogió Dios, para avergonzar a lo fuerte;** **28** **y lo vil del mundo y lo menospreciado escogió Dios**, y lo que no es, para deshacer lo que es, **29** a fin de que nadie se jacte en su presencia. **30** Mas por él estáis vosotros en Cristo Jesús, el cual nos ha sido hecho por Dios sabiduría, justificación, santificación y redención; **31** para que, como está escrito: El que se gloría, gloríese en el Señor

Son esclavos comprados con la Sangre de Cristo; (1 Corintios 6:20; 7:23; 1 Pedro 1:18-19; Apocalipsis 5:9). Los cuales, Dios está empleando para realizar el oficio, más glorioso y sublime, jamás imaginado (Mateo 4:19; Hechos 20:28); con la promesa de coronarles en la vida eterna. Notemos algunos otros textos, alineados a esta forma de concebir las recompensas; que le son reservadas al cristiano, después de terminar su misión en esta vida.

Romanos 2

6 el cual **pagará a cada uno conforme a sus obras:** **7** vida eterna a los que, perseverando en bien hacer, buscan gloria y honra e inmortalidad,

Hebreos 6

¹⁰Porque **Dios no es injusto para olvidar vuestra obra y el trabajo de amor que habéis mostrado hacia su nombre, habiendo servido a los santos y sirviéndoles aún.**

1 Corintios 2

⁹Antes bien, como está escrito: **Cosas que ojo no vio, ni oído oyó, Ni han subido en corazón de hombre,** Son las que Dios ha preparado para los que le aman.

Apocalipsis 21

⁷**El que venciere heredará todas las cosas,** y yo seré su Dios, y él será mi hijo.

Isaías 49

¹Oídme, costas, y escuchad, pueblos lejanos. Jehová me llamó desde el vientre, desde las entrañas de mi madre tuvo mi nombre en memoria. ²Y puso mi boca como espada aguda, me cubrió con la sombra de su mano; y me puso por saeta bruñida, me guardó en su aljaba; ³y me dijo: Mi siervo eres, oh Israel, porque en ti me gloriaré. ⁴**Pero yo dije: Por demás he trabajado, en vano y sin provecho he consumido mis fuerzas; pero mi causa está delante de Jehová, y mi recompensa con mi Dios.**

Isaías 40

¹⁰He aquí que Jehová el Señor vendrá
con poder, y su brazo señoreará; **he
aquí que su recompensa viene con
él, y su paga delante de su rostro.**

Isaías 62

¹¹He aquí que Jehová hizo oír hasta lo
último de la tierra: Decid a la hija de Sion:
**He aquí viene tu Salvador; he aquí su
recompensa con él, y delante de él su obra.**

Filipenses 3

⁴Aunque yo tengo también de qué confiar en la
carne. Si alguno piensa que tiene de qué confiar
en la carne, yo más: ⁵circuncidado al octavo
día, del linaje de Israel, de la tribu de Benjamín,
hebreo de hebreos; en cuanto a la ley, fariseo; ⁶
en cuanto a celo, perseguidor de la iglesia; en
cuanto a la justicia que es en la ley, irreprensible.
⁷**Pero cuantas cosas eran para mí ganancia,
las he estimado como pérdida por amor de
Cristo.** ⁸**Y ciertamente, aun estimo todas
las cosas como pérdida por la excelencia del
conocimiento de Cristo Jesús, mi Señor,
por amor del cual lo he perdido todo, y lo
tengo por basura, para ganar a Cristo,** ⁹y ser
hallado en él, no teniendo mi propia justicia, que
es por la ley, sino la que es por la fe de Cristo,
la justicia que es de Dios por la fe; ¹⁰**a fin de**

conocerle, y el poder de su resurrección, y la participación de sus padecimientos, llegando a ser semejante a él en su muerte, [11] si en alguna manera llegase a la resurrección de entre los muertos. [12] No que lo haya alcanzado ya, ni que ya sea perfecto; sino que prosigo, por ver si logro asir aquello para lo cual fui también asido por Cristo Jesús. [13] Hermanos, yo mismo no pretendo haberlo ya alcanzado; pero una cosa hago: olvidando ciertamente lo que queda atrás, y extendiéndome a lo que está delante, [14] prosigo a la meta, al premio del supremo llamamiento de Dios en Cristo Jesús.

¿Qué son esas recompensas prometidas?

Las promesas de Dios, que encontramos en las Sagradas Escrituras; en cuanto a otorgar a los cristianos fieles; una serie de: coronas, galardones, glorias, rangos, tronos, potestades; etc. **No se deben de interpretar, como el otorgamiento de un monto artefactos, u objetos literales y físicos; así como de posiciones suntuosas; preparadas para engalanar estéticamente a los galardonados.**

Más bien debemos de saber, que la mención de esos gloriosos artefactos y destacadas posiciones; utilizadas en las Sagradas Escrituras; para describir las distintas recompensas que los cristianos habrán de recibir en el Tribunal de Cristo. En realidad **son expresiones metafóricas, que deben de asimilarse como: el anuncio profético de la imputación de virtudes, a la naturaleza y al carácter del cristiano fiel. Cuyas esencias y sustancias espirituales, que se le añadirán; son aun más excelentes y perfectas, que las ya recibidas durante su ministerio y peregrinaje por la vida** (Hechos 1:8; 2:1-21). En otras palabras, estamos hablando del evento en el cual el creyente será glorificado (Romanos 2:6-7; 1 Corintios 15:42-43). Para que de esta manera, se pueda en ponderar al cristiano con la autoridad adecuada sobre las naciones a regir; durante el reino de mil años de Cristo en la tierra (Apocalipsis 2:26-27).

Ahora bien, en este asunto en el que tratamos de identificar "¡Que son en sí; esos galardones y coronas prometidas!". No está por demás señalar, que hay suficientes pasajes en la Biblia; que nada tienen que ver con las recompensas que se otorgaran en el Tribunal de Cristo. Pero si notamos; en ellos se utilizan los términos: corona, diadema, galardón, etc. ¡Una vez más!, no como artefactos estéticos de distinción, o embellecimiento. Sino más bien, como elementos simbólicos para señalar; ya sea la exaltación de caracteres y virtudes concedidas, en la vida en curso del humano. O incluso para señalamiento de defectos de carácter, o de actitudes antagónicas y anti-virtuosas. Noté algunos de estos pasajes.

Job 29
[14] **Me vestía de justicia, y ella me cubría;**
Como manto y diadema era mi rectitud.

Job 19
[9] Me ha **despojado de mi gloria, Y**
quitado la corona de mi cabeza.

Salmos 103
[4] El que rescata del hoyo tu vida, **El que te**
corona de favores y misericordias;

Proverbios 4
[7] Sabiduría ante todo; adquiere sabiduría; Y
sobre todas tus posesiones adquiere inteligencia.
[8] Engrandécela, y ella te engrandecerá; Ella
te honrará, cuando tú la hayas abrazado.

⁹ Adorno de gracia dará a tu cabeza;
Corona de hermosura te entregará.

Isaías 62
² Entonces verán las gentes tu justicia, y todos
los reyes tu gloria; y te será puesto un nombre
nuevo, que la boca de Jehová nombrará. ³ Y
serás corona de gloria en la mano de Jehová,
y diadema de reino en la mano del Dios tuyo.

Proverbios 12
⁴ La mujer virtuosa es corona de su marido;
Mas la mala, como carcoma en sus huesos.

Proverbios 16
³¹ Corona de honra es la vejez que
se halla en el camino de justicia.

Proverbios 17
Corona de los viejos son los nietos,
Y la honra de los hijos, sus padres.

Filipenses 4
¹ Así que, hermanos míos amados y
deseados, gozo y corona mía, estad
así firmes en el Señor, amados.

1 Tesalonicenses 2
¹⁹ Porque ¿cuál es nuestra esperanza, o gozo, o
corona de que me gloríe? ¿No lo sois vosotros,

delante de nuestro Señor Jesucristo, en su venida? [20] Vosotros sois nuestra gloria y gozo.

Salmo 73
[6] Por tanto, **la soberbia los corona; Se cubren de vestido de violencia.**

Isaías 28
[1] !!Ay de **la corona de soberbia** de los ebrios de Efraín, y de la flor caduca de **la hermosura de su gloria, que está sobre la cabeza del valle fértil de los aturdidos del vino!**

Apocalipsis 9
[7] El aspecto de las langostas era semejante a caballos preparados para la guerra; **en las cabezas tenían como coronas de oro**; sus caras eran como caras humanas;

Apocalipsis 6
[2] Y miré, y he aquí un caballo blanco; y el que lo montaba tenía un arco; y **le fue dada una corona**, y salió venciendo, y para vencer.

Apocalipsis 12
[3] También apareció otra señal en el cielo: he aquí un gran dragón escarlata, que tenía siete cabezas y diez cuernos, y **en sus cabezas siete diademas;**

Apocalipsis 13

¹ Me paré sobre la arena del mar, y vi subir del mar una bestia que tenía siete cabezas y diez cuernos; y **en sus cuernos diez diademas**; y sobre sus cabezas, un nombre blasfemo.

Coronas y demás
premios prometidos

Teológicamente se conciben como cinco las Coronas celestiales que se habrán de otorgar a los cristianos en el cielo. Estas son: La Corona de la Vida, La Corona de Regocijo, La Corona de Justicia, La Corona Incorruptible, y La Corona de Gloria[7]. Pero como veremos, la realidad es que hay más galardones, o premios prometidos a los cristianos fieles; que se esforzaron por hacer la obra de Dios; Tales como: Una piedrecita blanca, con un nombre secreto inscrito en ella (Apocalipsis 2:17); ser columna en el templo de Dios (Apocalipsis 3:12); sentarse en un trono (Apocalipsis 3:21); comer del árbol de la vida (Apocalipsis 2:7); o del Mana escondido (Apocalipsis 2:17); etc.etc. etc...

Respecto a la palabra Corona que encontramos en varios versos de la Biblia; viene de la palabra griega *stephanos* (στέφανος). La significancia de este tipo de Corona, radicaba en que en el imperio romano; este ornamento, muchas veces formado con hojas de laurel, que se colocaba en la cabeza de los vencedores; era la insignia del merito de la victoria, y era una representación y simbolismo de honor. Por lo regular estas coronas de laurel, eran entregadas como recompensa: a poetas, a los generales romanos durante las celebraciones del triunfo, a guerreros destacados; y hay que resaltar que esta corona, también se colocaba en la cabeza del atleta; como

---

[7]   Qué son las coronas celestiales: https://www.gotquestions.org/Espanol/coronas-celestiales.html

alto distintivo de gloria; por haber ganado una competencia en los juegos olímpicos[8].

Esta condecoración al atleta fue utiliza en un sentido figurado por el apóstol Pablo (1 Corintios 9:24-27; 2 Timoteo 2:5; 4:7); para enfatizar en sus enseñanzas, el propósito de Dios de recompensar a aquellos cristianos; que esforzándose en la carrera del Evangelio, avanzan en el establecimiento del reino de los cielos en esta tierra. Pero el otorgamiento de estas Coronas y otros galardones, no se limita a los escritos de Pablo; también se menciona como promesas de Dios, en los escritos de los apóstoles Juan, Pedro, Santiago; como veremos páginas más adelante en el último capítulo de este documento, en las cuales aremos un análisis a algunos de estos galardones.

Pero la realidad es que estas coronas y demás galardones prometidos, como hemos enfatizado repetidamente. Más que algo estético y vanaglorioso; tienen que ver con la capacidad de potestades, talentos, dones, virtudes y autoridad, a imputar a las personas que son de Dios. Para que al facultarles con todo portento, el cristiano esté plenamente capacitado, para realizar las misiones, o tareas que Dios le habrá de encomendad durante los mil años, que durara el reinado de Cristo, aquí en la tierra; así como en la eternidad futura; Pero esto lo trataremos un poco más en el siguiente capitulo

---

[8]   Cinco Coronas: https://es.wikipedia.org/wiki/Cinco_Coronas

La imputación de Poder virtuoso en la humanidad del cristiano

1 Juan 3

²Amados, ahora somos hijos de Dios, y **aún no se ha manifestado lo que hemos de ser; pero sabemos que cuando él se manifieste, seremos semejantes a él**, porque le veremos tal como él es.

La imputación de Poder virtuoso en la humanidad del cristiano

Hemos señalado que el tema, el Tribunal de Cristo enfatiza la creciente tendencia de Dios, en cuanto a equiparar al creyente; con una novedosa gama de bendiciones y facultades especiales.

Esta acción tiene como objetivo; capacitar con: potestad, talentos, dones, galardones, virtudes y autoridad, a las personas que son de Dios. Para hacer real y factible; no solo que el individuo disfrute de la gloriosa presencia y demás favores del Todopoderoso. Sino que también sé persigue con esta imputación de facultades portentosas; que el cristiano esté plenamente capacitado, para realizar en tiempo y forma; ciertas encomiendas, misiones, o tareas especificas. Tanto en esta dispensación; como en los mil años, que durara el reinado de Cristo, aquí en la tierra; así como en la eternidad futura.

Esta tendencia providencial de parte de Dios, hacia los que son suyos; es un principio repetitivo y gradual, que El ha venido aplicando desde siempre, y en todo plano; ya sea celestial, o terreno. Porque es indiscutible que como Creador de todo lo existente; El ha facultado a cada ser y especie, con todo lo necesario para desarrollar el objetivo por lo cual fue creado. En este sentido podemos hablar, de concesión de facultades ordinarias; y de concesión de facultades extraordinarias.

- Las facultades ordinarias: son aquellas capacidades comunes, normales, o naturales; que goza cada persona en particular.

- Mientras que las facultades extraordinarias: serian aquellas virtudes sobrenaturales; que Dios estaría agregando, a ciertas personas en específico; para que lleven a cabo una determinada misión en este mundo. Sin imputar este empoderamiento, a la generalidad de los seres humanos

En cuanto a este asunto, en las Sagradas Escrituras podemos encontrar diversos ejemplos. En los cuales se observa al Dios Todopoderoso, potenciando a individuos particulares con capacidades especiales; que fueron factores claves y determinantes, para lograr alcanzar los objetivos que Dios perseguía en esos determinados momentos. Y este proceder divino, es el precedente y evidencia más contundente; para que afirmemos nuestra convicción, de que Dios tiene reservado para el cristiano; una verdadera, y nueva gama de virtudes irrevocables. Que le serán imputadas, en el Tribunal de Cristo; con la finalidad de que pueda llenar los propósitos de Dios, para la época del Milenio y de la Eternidad misma.

Algunos de estos ejemplos que se redactaron en el Antiguo Testamento, son claramente reconocibles y muy populares. Entre ellos; están los casos de Sansón, y de Salomón. Respecto a Sansón, diríamos que no sólo se le otorgó la vida milagrosamente; ya que su madre era estéril, sino que también se le imputó una increíble fuerza física. La cual, definitivamente fue un factor clave; para que Sansón cumpliera con concierto propósito, que Dios quería dejarnos como precedente. (Jueces capítulos 13, 14, 15, 16; Hebreos 11:32). En cuanto al caso del rey Salomón. Diríamos que, siendo una persona con un intelecto promedio; tuvo una visión, en la que este rey pidió a Dios sabiduría; para poder dirigir al pueblo que gobernaba. Ante lo cual, Dios le otorgó una sabiduría "digamos sobrenatural"; para poder realizar la enorme tarea de guiar al pueblo de Israel (1 Reyes 3: 3-15). Noté que en ambos casos; se destacan enfáticamente: tanto la fuerza, como el conocimiento. Y se les puntualiza, como "virtudes concedidas"; que si bien marcaron la vida de estos individuos. No quiere decir que ellos como personas, hayan sido inmaculadas, o perfectas; a pesar de gozar de las facultades sobrenaturales; que Dios les había otorgado. Ya que vemos en la historia bíblica, que tanto Sansón, como Salomón; estuvieron envueltos en asuntos diligentes, o aprobados; como en asuntos negligentes, o reprobados.

Profetas como Elías y Eliseo; también son focos de nuestra atención. Puesto que en la época, en la cual les tocó vivir; se desato una crisis devocional a Dios. Quien al levantarlos como sus profetas, considero de vital importancia la imputación de facultades milagrosas; en la humanidad de estos dos grandes siervos. Que lograron reimplantar el culto a Jehová en la región de Israel; cuando casi había sido desarraigado (1 Reyes 18:21-40; 19:13-2; 2 Reyes Capítulos del 1 al 8)

Acorde este mismo orden de imputación de capacidades, en la época del peregrinaje de Israel por el desierto; cuando este pueblo se dirigía rumbo a la tierra prometida. Vemos a Dios poniendo en Bezaleel y en Aholiab; todo el conocimiento y habilidades para la construcción y diseño del Tabernáculo de reunión (Éxodo 31:1-6; 35:30-35).

Y desde luego no se puede pasar desapercibido, el ejemplo de Moisés. Un hombre, que aparentemente había fracasado en la vida. Pero que a los ochenta años, fue llamado por Dios; a realizar la enorme misión de sacar a los hijos de Israel, de la esclavitud que padecían en la tierra de Egipto; para después llevarlos a la tierra prometida. El despliegue de señales y prodigios sobrenaturales, que Dios realizo por medio de Moisés; no podrían haberse llevado a cabo; sin que Dios hubiera puesto en la humanidad del gran caudillo y profeta. Todo el poder, elementos, virtudes, y sabiduría; por las cuales; Moisés sigue siendo; un emblemático sinónimo, de un líder y ministro en acción.

Y que podríamos decir de su sucesor Josué, quien en los últimos días de Moisés; fue llamado por Dios al Tabernáculo de Reunión. Para recibir la gran encomienda de conquistar la tierra prometida, y repartir a los hijos de Israel la heredad anhelada. En el proceso Dios lo uso para ganar batallas imposibles, dividir las aguas del Jordán, derribar los muros de Jericó, y detener el sol, todo sobrenaturalmente.

En síntesis: podríamos decir, que en cuanto a las capacidades sobrenaturales; que Dios otorgo a sus siervos, a través del periodo Antiguo Testamentario. **"Estas capacidades"** fueron necesarias, para que ellos pudieran realizar cada una de esas tareas portentosas; que Dios les delego.

En la era del Nuevo Pacto, se puede observar claramente este mismo principio de Dios. De llamar a un individuo a una misión, y equipararle con el poder y las virtudes necesarias; para que pueda realizar con efectividad, la misión que se le delegare.

El despliegue de milagros, señales y portentos; que Jesús hizo durante su ministerio terrenal; fueron esenciales para realizar con éxito su misión (Mateo 4:23). Pero note que incluso, el propio Mesías tuvo que ser empoderado; para poder llevar a cabo lo que su Padre le encomendó (Juan 4:34; Mateo 26:39). Ya que en las Escrituras encontramos, que Jesús después de su bautismo en agua, y de su victoria contra el tentador en el desierto; regreso en el poder del Espíritu Santo; dando inicio a su ministerio terrenal. (Lucas 4:1-14; Mateo 4:1:17).

Durante el periodo de esta difícil etapa, vino un espacio de auge evangelistico; en la cual el Maestro de Nazaret, envió a predicar el mensaje del Reino de los Cielos; a sus 12 apóstoles, así como a 70, de sus discípulos. Y como se puede corroborar por las sagradas escrituras, no solo les dio instrucciones de lo que habrían de decir y hacer; también Cristo les otorgo poder para hacer señales y milagros en su Nombre; así como autoridad sobre todo espíritu inmundo (Mateo 10:1-15; Marcos 3:13-19; Lucas 6:12-16; 10:1-24: Hechos 19:11-20). Podríamos decir; que el tiempo en el cual

Jesús ejerció su ministerio terrenal, es el eslabón que une los nexos entre el Antiguo y el Nuevo Pacto.

Pero una vez concluida la tarea redentora de Jesús; y después de su ascensión a los cielos. La naciente iglesia que el Maestro formo; enfrentaría un nuevo paradigma, de retos y acontecimientos. Y debido al peso, y la responsabilidad que adquirió, como promotora y testigo del evangelio. Era necesario que a los discípulos, se les añadiera; aún más de ese poder virtuoso (Marcos 10:15-18). De ahí la instrucción de Jesús; de que no se fueran de Jerusalén; sino que esperasen la promesa del Padre, la cual se vertió sobre la naciente iglesia en el día de Pentecostés (Hechos 1:4-8; 2:1-6). El Espíritu Santo al descender sobre los creyentes, derramo de ese poder prometido; el cual obviamente superaba con creces lo que anteriormente estos discípulos habían recibido; mientras estuvieron participando del ministerio de Jesús.

Hoy en día, después de casi dos mil años; este mismo poder y facultades, que se derramaron en Pentecostés. Siguen siendo el motor principal, qué hacen que la iglesia tenga éxito; para poder ejecutar la Gran Comisión, que se le ha encomendado. Y la iglesia ha de concluir, esta etapa de su obra en la tierra; cuando el Señor Jesús venga a arrebatarle en los aires; para librarle de la Gran Tribulación; y en acto seguido conducirle al Tribunal de Cristo antes de introducirle a las Bodas del Cordero.

Noté, que la iglesia ya ha gozado del poder virtuoso; que Dios le imputó durante su estadía en esta tierra. Pero la iglesia una vez arrebatada; mirará en el Tribunal de Cristo, la consolidación de tales facultades virtuosas. Pero sobre todo experimentará; una súper imputación de: virtudes, dones, galardones, coronas, etc. Con el objetivo de prepararles; para una nueva misión y ministerio; durante el Milenio. En el cual, los creyentes que componen la iglesia estarán juntamente con Jesús gobernando este mundo; como reyes y sacerdotes; desde un exaltado estrato. (Apocalipsis 1:6; 5:10; 20:4-6)

Apocalipsis 2
²⁶ Al que venciere y guardare mis obras
hasta el fin, **yo le daré autoridad sobre las
naciones,** ²⁷ **y las regirá con vara de hierro,**
y serán quebradas como vaso de alfarero;
como yo también la he recibido de mi Padre;
²⁸ y le daré la estrella de la mañana.

Apocalipsis 3
²¹ Al que venciere, **le daré que se siente
conmigo en mi trono,** así como yo he vencido,
y me he sentado con mi Padre en su trono.

Mateo 19
²⁸ Y Jesús les dijo: De cierto os digo que
en la regeneración, cuando el Hijo del
Hombre se siente en el trono de su gloria,
**vosotros que me habéis seguido también
os sentaréis sobre doce tronos, para
juzgar a las doce tribus de Israel.**

2 Timoteo 2

[11] Palabra fiel es esta: Si somos muertos con él, también viviremos con él; [12] **Si sufrimos, también reinaremos con él**; Si le negáremos, él también nos negará.

Apocalipsis 20

[4] **Y vi tronos, y se sentaron sobre ellos los que recibieron facultad de juzgar**; y vi las almas de los decapitados por causa del testimonio de Jesús y por la palabra de Dios, los que no habían adorado a la bestia ni a su imagen, y que no recibieron la marca en sus frentes ni en sus manos; **y vivieron y reinaron con Cristo mil años.** [5] Pero los otros muertos no volvieron a vivir hasta que se cumplieron mil años. Esta es la primera resurrección. [6] Bienaventurado y santo el que tiene parte en la primera resurrección; la segunda muerte no tiene potestad sobre éstos, sino que **serán sacerdotes de Dios y de Cristo, y reinarán con él mil años.**

Es importante que tengamos en cuenta, que dichas facultades que la iglesia recibirá; en el Tribunal de Cristo. Serán sumamente necesarias, para que este grupo de gente comprada con la sangre de Jesús; pueda realizar las tareas que se le encomendaran, en el lapso del Reino Milenial. Y para que una vez terminada esta etapa, y se dé comienzo a la Eternidad Futura. Los redimidos al entrar en los nuevos cielos y la nueva tierra, tengan las capacidades físicas y espirituales necesarias; (1 Corintios 15; Apocalipsis 20:6) para que puedan disfrutar plenamente de todo lo que Dios ha reservado para ellos. Incluso en esa misteriosa época que ha de venir; al parecer, Dios habrá de persistir en su tendencia; de agregar virtudes y galardones a sus siervos.

Apocalipsis 21

¹ Vi un cielo nuevo y una tierra nueva; porque el primer cielo y la primera tierra pasaron, y el mar ya no existía más. ² Y yo Juan vi la santa ciudad, la nueva Jerusalén, descender del cielo, de Dios, dispuesta como una esposa ataviada para su marido. ³ Y oí una gran voz del cielo que decía: He aquí el tabernáculo de Dios con los hombres, y él morará con ellos; y ellos serán su pueblo, y Dios mismo estará con ellos como su Dios. ⁴ **Enjugará Dios toda lágrima de los ojos de ellos; y ya no habrá muerte, ni habrá más llanto, ni clamor, ni dolor; porque las primeras cosas pasaron.** ⁵ Y el que estaba sentado en el trono dijo: He aquí, **yo hago nuevas todas las cosas.** Y me dijo: Escribe; porque estas palabras son fieles y verdaderas. ⁶ Y me dijo: Hecho está. Yo soy el Alfa y la Omega, el principio y el fin. **Al que tuviere sed, yo le daré gratuitamente de la fuente del agua de la vida.** ⁷ **El que venciere heredará todas las cosas, y yo seré su Dios, y él será mi hijo.**

Así que los premios, galardones, y coronas; que reciba el cristiano en el Tribunal de Cristo. **Deben verse, como las máximas virtudes que habrán de otorgarse; a los seres humanos que alcancen la glorificación divina. En miras a ser capacitados; para futuros eventos** (el Milenio y la Eternidad futura).

Reflexión a este comentario

Y para concluir este fragmento; no pensemos que después del Tribunal de Cristo; nosotros los cristianos nos quedamos eternamente y para siempre; en la nube de algodón celebrando las bodas del Cordero. De ninguna manera, en el desarrollo de los eventos futuros, todavía tenemos que venir y ejercer por mil años en la tierra; la misión y facultades recibidas en el cielo. Para después ser introducidos, a un nuevo cielo, y una nueva tierra.

Pero depende de nuestro compromiso, lealtad, y sincero servicio a Dios; hoy en esta vida. Para que un día, Dios nos otorgue las glorias y capacidades; dignas y acordes a la nueva naturaleza, que en nosotros a de manifestarse. Para seguir sirviendo y adorando, a nuestro Dios y Creador; eternamente y para siempre.

1 Juan 3
² Amados, ahora somos hijos de Dios, y
**aún no se ha manifestado lo que hemos
de ser; pero sabemos que cuando él
se manifieste, seremos semejantes a
él**, porque le veremos tal como él es.

Apocalipsis 19
¹¹ Entonces vi el cielo abierto; y he aquí un
caballo blanco, y el que lo montaba se llamaba
Fiel y Verdadero, y con justicia juzga y pelea.
¹² Sus ojos eran como llama de fuego, y había

en su cabeza muchas diademas; y tenía un nombre escrito que ninguno conocía sino él mismo. [13] Estaba vestido de una ropa teñida en sangre; y su nombre es: EL VERBO DE DIOS. [14] **Y los ejércitos celestiales, vestidos de lino finísimo, blanco y limpio, le seguían en caballos blancos.**

Romanos 8

[11] Y si el Espíritu de aquel que levantó de los muertos a Jesús mora en vosotros, el que levantó de los muertos a Cristo Jesús **vivificará también vuestros cuerpos mortales por su Espíritu que mora en vosotros.**

Romanos 8

[18] **Pues tengo por cierto que las aflicciones del tiempo presente no son comparables con la gloria venidera que en nosotros ha de manifestarse.** [19] Porque el anhelo ardiente de la creación es el aguardar **la manifestación de los hijos de Dios.** [20] Porque la creación fue sujetada a vanidad, no por su propia voluntad, sino por causa del que la sujetó en esperanza; [21] porque también la creación misma será libertada de la esclavitud de corrupción, a la libertad gloriosa de los hijos de Dios. [22] Porque sabemos que toda la creación gime a una, y a una está con dolores de parto hasta ahora; [23] y no sólo ella, sino que también

nosotros mismos, que tenemos las primicias del Espíritu, nosotros también gemimos dentro de nosotros mismos, **esperando la adopción, la redención de nuestro cuerpo.**

1 Corintios 15

[42] Así también es la resurrección de los muertos. Se siembra en corrupción, **resucitará en incorrupción.** [43] Se siembra en deshonra, **resucitará en gloria**; se siembra en debilidad, **resucitará en poder.** [44] Se siembra cuerpo animal, **resucitará cuerpo espiritual.** Hay cuerpo animal, y hay cuerpo espiritual.

[45] Así también está escrito: Fue hecho el primer hombre Adán alma viviente; el postrer Adán, espíritu vivificante. [46] Mas lo espiritual no es primero, sino lo animal; luego lo espiritual. [47] El primer hombre es de la tierra, terrenal; el segundo hombre, que es el Señor, es del cielo. [48] Cual el terrenal, tales también los terrenales; y **cual el celestial, tales también los celestiales.** [49] **Y así como hemos traído la imagen del terrenal, traeremos también la imagen del celestial.**

1 Corintios 15

[51] He aquí, os digo un misterio: No todos dormiremos; pero todos **seremos transformados,** [52] en un momento, en un abrir y cerrar de ojos, a la final trompeta;

porque se tocará la trompeta, y los muertos serán resucitados incorruptibles, y nosotros **seremos transformados.** [53] **Porque es necesario que esto corruptible se vista de incorrupción, y esto mortal se vista de inmortalidad.** [54] Y cuando esto corruptible se haya vestido de incorrupción, y esto mortal se haya vestido de inmortalidad, entonces se cumplirá la palabra que está escrita: **Sorbida es la muerte en victoria.**

Donde y como acumular Tesoros

No te Hagas Tesoros en la Tierra

Mateo 6

[19] No os hagáis tesoros en la tierra, donde la polilla y el orín corrompen, y donde ladrones minan y hurtan; [20] sino haceos tesoros en el cielo, donde ni la polilla ni el orín corrompen, **y donde ladrones no minan ni hurtan.**
[21] Porque donde esté vuestro tesoro, allí estará también vuestro corazón.

La tendencia del ser humano a acumular cosas materiales, es algo intrínsecamente ligado a su naturaleza. Y es que en el mundo materialista en que vivimos, parece ser una regla; que todo debe ser seguro, predecible y placentero, donde lo primordial es el estar con salud y prosperidad. Esta tendencia imperante a vivir holgadamente, en muchos casos, genera una admiración excesiva al dinero; que viene a producir en el corazón: codicias y avaricias; las cuales se tornan en factores determinantes, para que una persona acumule riquezas.

En otros casos, tal vez el amor al dinero; no sea la causa principal, por la que una persona se esfuerce en trabajar arduamente. Pudiera ser que solo se esfuerza trabajando, para cumplir con sus responsabilidades cotidianas; que exigen una liquidación económica. Como bien podría ser; el pago de una vivienda, de los alimentos, del automóvil, la manutención de la familia etc., En fin todo lo que básicamente se pudiera necesitar para vivir de una manera digna, sin lujos, ni extravagancias. Pero como quiera, que fuere; estas personas siempre trabajaran duramente, para acumular, o poseer aquello; que sencillamente no tienen valor duradero. Sean vestidos, artículos electrónicos, muebles para el hogar, un automóvil, valiosas joyas, dinero en cuenta de ahorros; y un montón de cosas como estas que continuamente se deterioran. O que, en otros casos; son el blanco de ladrones, que vacían la casa, en que se vive. Todos los bienes terrenos; cuales sean, son artículos de uso temporal, que en su momento se corromperán; y que sin duda alguna, son irrelevantes, e innecesarios; para la vida en la eternidad.

Cuando Jesús dijo las palabras "**donde esté vuestro tesoro, allí estará también vuestro corazón**" (Mateo 6:21); no hablo necesariamente de materialismo y de avaricias. Ya que el tesoro de una persona; es todo aquello que el individuo considere verdaderamente valioso para él.

El **alto interés** de una persona, sobre "**cualquier cosa**" es lo que torna a "**esa cosa**" en un tesoro. En este orden, un tesoro puede ser: El valor sentimental, como el amor, la pasión, el placer, la amistad, el buen gusto. Igualmente un tesoro puede ser: un hábito, una costumbre, un deporte, un pasa tiempo; y desde luego el afecto a las cosas materiales.

Los parámetros afectivos, como estos y otros más; son lo que definitivamente; posicionan en la categoría de tesoro: a una mascota, a un empleado, a un amigo, a un familiar, una pareja sentimental. O un artefacto que despierta cierto tipo de interés; a tal grado que la persona le considere indispensable para él; por el simple hecho de que se siente seguro, cómodo, o es motivo de orgullo; como por ejemplo un trofeo. Podemos decir; que eso, es precisamente un tesoro, debido al grado, e índole de afecto que la persona le concede, o proporciona. El problema con todo ello, es que ninguna de estas cosas es para siempre. Y por muy valioso, que para nosotros haya sido; nada de eso lo podremos llevar en nuestro viaje a la eternidad.

Note los siguientes pasajes, en los que incluso se nos indica; o se nos señala; la inutilidad del dinero, para comprar la salvación del alma (Salmo 49:6-10) y los dones que del Espíritu Santo provienen (Hechos 8:18-23).

Job 1
²¹ y dijo: **Desnudo salí del vientre de mi madre, y desnudo volveré allá.** Jehová dio, y Jehová quitó; sea el nombre de Jehová bendito.

Eclesiastés 5
¹⁵ **Como salió del vientre de su madre, desnudo, así vuelve,** yéndose tal como vino; y **nada tiene de su trabajo para llevar en su mano.**

1 Timoteo 6
⁷ porque **nada hemos traído a este mundo, y sin duda nada podremos sacar.** ⁸ Así que, teniendo sustento y abrigo, estemos contentos con esto.

Lucas 12

¹³ Le dijo uno de la multitud: Maestro, di a mi hermano que parta conmigo la herencia. ¹⁴ Mas él le dijo: Hombre, ¿quién me ha puesto sobre vosotros como juez o partidor? **¹⁵ Y les dijo: Mirad, y guardaos de toda avaricia; porque la vida del hombre no consiste en la abundancia de los bienes que posee.**

Lucas 12

¹⁶ También les refirió una parábola, diciendo: La heredad de un hombre rico había producido mucho. ¹⁷ Y él pensaba dentro de sí, diciendo: ¿Qué haré, porque no tengo dónde guardar mis frutos? ¹⁸ Y dijo: Esto haré: derribaré mis graneros, y los edificaré mayores, y allí guardaré todos mis frutos y mis bienes; ¹⁹ y diré a mi alma: Alma, muchos bienes tienes guardados para muchos años; repósate, come, bebe, regocíjate. ²⁰ Pero Dios le dijo: **Necio, esta noche vienen a pedirte tu alma; y lo que has provisto, ¿de quién será? ²¹ Así es el que hace para sí tesoro, y no es rico para con Dios.**

Marcos 10

²¹ Entonces Jesús, mirándole, le amó, y le dijo: Una cosa te falta: anda, vende todo lo que tienes, y dalo a los pobres, y tendrás tesoro en el cielo; y ven, sígueme, tomando tu cruz. ²² Pero él, afligido por esta palabra, se fue

triste, porque tenía muchas posesiones. [23] Entonces Jesús, mirando alrededor, dijo a sus discípulos: !!Cuán difícilmente entrarán en el reino de Dios los que tienen riquezas! [24] Los discípulos se asombraron de sus palabras; pero Jesús, respondiendo, volvió a decirles: Hijos, **!!cuán difícil les es entrar en el reino de Dios, a los que confían en las riquezas!**

Salmos 49

[6] Los que confían en sus bienes, Y de la muchedumbre de sus riquezas se jactan, [7] Ninguno de ellos podrá en manera alguna redimir al hermano, Ni dar a Dios su rescate [8] (Porque la redención de su vida es de gran precio, Y no se logrará jamás), [9] Para que viva en adelante para siempre, Y nunca vea corrupción. [10] Pues verá que aun los sabios mueren; Que perecen del mismo modo que el insensato y el necio, Y dejan a otros sus riquezas.

Salmos 49

[16] No temas cuando se enriquece alguno, Cuando aumenta la gloria de su casa; [17] **Porque cuando muera no llevará nada, Ni descenderá tras él su gloria.** [18] Aunque mientras viva, llame dichosa a su alma, Y sea loado cuando prospere, [19] Entrará en la generación de sus padres, Y nunca más verá la luz. [20] El hombre que está en honra y no entiende, Semejante es a las bestias que perecen.

Hechos 8

[17] Entonces les imponían las manos, y recibían el Espíritu Santo. [18] Cuando vio Simón que por la imposición de las manos de los apóstoles se daba el Espíritu Santo, **les ofreció dinero, [19] diciendo: Dadme también a mí este poder, para que cualquiera a quien yo impusiere las manos reciba el Espíritu Santo. [20] Entonces Pedro le dijo: Tu dinero perezca contigo, porque has pensado que el don de Dios se obtiene con dinero.** [21] No tienes tú parte ni suerte en este asunto, porque tu corazón no es recto delante de Dios. [22] Arrepiéntete, pues, de esta tu maldad, y ruega a Dios, si quizá te sea perdonado el pensamiento de tu corazón; [23] porque en hiel de amargura y en prisión de maldad veo que estás.

La trampa del materialismo

Muchas veces una meta materialista, lleva a conducta incorrecta; que depara en actitudes inicuas para hacer fortuna; tales como: el robo, la estafa, el tráfico de sustancias nocivas para la salud (drogas), la explotación indiscriminada de los obreros, y otras actividades delictivas. Sin embargo, todo lo que se pudiera obtener de esas fuentes; usualmente se esfuma de las manos y las personas terminan sus días en la cárcel, en el manicomio, o en un hospital y sin un centavo en los bolsillos; antes de volver a reunirse al polvo.

1 Timoteo 6

[9] Porque **los que quieren enriquecerse caen en tentación y lazo, y en muchas codicias necias y dañosas**, que hunden a los hombres en destrucción y perdición; [10] **porque raíz de todos los males es el amor al dinero,** el cual codiciando algunos, se extraviaron de la fe, y **fueron traspasados de muchos dolores.**

Proverbios 1

[10] Hijo mío, si los pecadores te quisieren engañar, No consientas. [11] Si dijeren: Ven con nosotros; **Pongamos asechanzas para derramar sangre, Acechemos sin motivo al inocente;** [12] **Los tragaremos vivos como el Seol, Y enteros, como los que caen en un abismo;** [13] **Hallaremos riquezas de**

toda clase, Llenaremos nuestras casas de despojos; ¹⁴Echa tu suerte entre nosotros; Tengamos todos una bolsa. ¹⁵Hijo mío, no andes en camino con ellos. Aparta tu pie de sus veredas, ¹⁶Porque sus pies corren hacia el mal, Y van presurosos a derramar sangre. ¹⁷Porque en vano se tenderá la red Ante los ojos de toda ave; ¹⁸Pero ellos a su propia sangre ponen asechanzas, Y a sus almas tienden lazo. ¹⁹Tales son las sendas de todo el que es dado a la codicia, La cual quita la vida de sus poseedores.

Eclesiastés 5

¹⁰**El que ama el dinero, no se saciará de dinero**; y el que ama el mucho tener, no sacará fruto. También esto es vanidad.

Santiago 5

¹¡¡Vamos ahora, ricos! Llorad y aullad por las miserias que os vendrán. ²Vuestras riquezas están podridas, y vuestras ropas están comidas de polilla. ³Vuestro oro y plata están enmohecidos; y su moho testificará contra vosotros, y devorará del todo vuestras carnes como fuego. Habéis acumulado tesoros para los días postreros. ⁴**He aquí, clama el jornal de los obreros que han cosechado vuestras tierras, el cual por engaño no les ha sido pagado por vosotros; y los clamores**

de los que habían segado han entrado en
los oídos del Señor de los ejércitos.

Eclesiastés 2

[15] Entonces dije yo en mi corazón: Como
sucederá al necio, me sucederá también a mí.
¿Para qué, pues, he trabajado hasta ahora por
hacerme más sabio? Y dije en mi corazón, que
también esto era vanidad. [16] Porque ni del sabio
ni del necio habrá memoria para siempre; pues
en los días venideros ya todo será olvidado,
y también morirá el sabio como el necio.
[17] Aborrecí, por tanto, la vida, porque la obra
que se hace debajo del sol me era fastidiosa; por
cuanto todo es vanidad y aflicción de espíritu.
**[18] Asimismo aborrecí todo mi trabajo que
había hecho debajo del sol, el cual tendré
que dejar a otro que vendrá después de mí.
[19] Y ¿quién sabe si será sabio o necio el que
se enseñoreará de todo mi trabajo en que yo
me afané y en que ocupé debajo del sol mi
sabiduría?** Esto también es vanidad. [20] Volvió,
por tanto, a desesperanzarse mi corazón acerca
de todo el trabajo en que me afané, y en que
había ocupado debajo del sol mi sabiduría.
[21] !!Que el hombre trabaje con sabiduría, y con
ciencia y con rectitud, y **que haya de dar su
hacienda a hombre que nunca trabajó en
ello! También es esto vanidad y mal grande.**

No podéis servir a Dios y a las riquezas

Mateo 6
[24] Ninguno puede servir a dos señores;
porque o aborrecerá al uno y amará al otro,
o estimará al uno y menospreciará al otro.
No podéis servir a Dios y a las riquezas.

Esta enfática declaración que encontramos en Mateo 6:24, define a la tendencia obsesiva de acumular riquezas; como un acto idolátrico. A tal grado que se le compara a un dios; en competencia con el Dios Todopoderoso. Debemos de saber que Dios no condena, el que una persona posea riquezas. Sino que más bien, da énfasis al hecho de que un creyente no puede 'servir como esclavo' a las riquezas; y a la misma vez, dar a Dios; la devoción exclusiva que él requiere. El que verdaderamente ama a Dios y desea servirle de manera correcta, ciertamente tiene que 'despreciar' la esclavitud al materialismo, y a las metas de hacer tesoros en la Tierra; si es que estas son, su principal objetivo en la vida.

El mundo también bendice y prospera a los suyos; los puede colmar de glorias y placeres. Pero todo lo que se obtiene de él, es vano; por lo temporal de sus concesiones. Y por cierto; muchas veces produce insatisfacción, y tristezas y rencores en el alma. La escritura dice que el hombre es temporal y pasajero; como la flor del campo, (Salmo 90:5-6; 103:14-16; Isaías 40:6-8; 51:12; Job 14:2; 1 Pedro 1:24; Santiago

1:10-11). Advirtiéndonos con ello, que invertir la vida; solo para satisfacer los apetitos y avaricias de la carne, es un mal negocio; en el que al final saldrá desfalcado (Lucas 12:13-3; Proverbios 1:19; Eclesiastés 9:5; Job 7:1-10). De hecho; Jesús acentuó en sus enseñanzas, que "la carne para nada aprovecha", y resaltó que "el espíritu es el que da la vida".

Juan 6
⁶³ El espíritu es el que da vida; la carne para nada aprovecha; las palabras que yo os he hablado son espíritu y son vida.

También dijo que: **"¿dé que, le servía al hombre, si ganare todo el mundo, pero si pierde su alma?**

Mateo 16
²⁶ Porque ¿qué aprovechará al hombre, si ganare todo el mundo, y perdiere su alma? ¿O qué recompensa dará el hombre por su alma?

En esas, como en muchas de sus enseñanzas; se denota un gran esfuerzo de parte del Maestro, por tratar de abrir el entendimiento y la razón al género humano; en cuanto a la trascendente realidad; que tiene que ver con el estado eterno de las personas. E insta a los suyos a proceder conforme sus mandamientos, ordenanzas, e instrucciones; prometiendo capacidades glorias y galardones; más allá de lo imaginado.

Proverbios 10
²² La bendición de Jehová es la que enriquece, Y no añade tristeza con ella.

Teniendo en cuenta, que debido a su frágil humanidad; el cristiano actualmente padece de una condición raquítica y limitada. Esto hace que en esta vida, el creyente nunca pueda disfrutar completamente; de todos los tesoros, y recompensas; que Dios ha prometido a los que le sirven.

Ante esta realidad, es menester que el cristiano sea pasado por un proceso de transformación gloriosa; generando en nosotros, un cuerpo indestructible (Filipenses 3:21; 1 Corintios 15:53-55); Para así de este modo, amontonar en nosotros; todos los tesoros de ricas virtudes y capacidades que Dios quiere imputarnos.

Apocalipsis 21
⁵Y el que estaba sentado en el trono dijo:
He aquí, yo hago nuevas todas las cosas.
Y me dijo: Escribe; porque estas palabras
son fieles y verdaderas. ⁶Y me dijo: Hecho
está. Yo soy el Alfa y la Omega, el principio
y el fin. Al que tuviere sed, **yo le daré**
gratuitamente de la fuente del agua de la
vida. ⁷**El que venciere heredará todas las**
cosas, y yo seré su Dios, y él será mi hijo.

Como Hacer Tesoros en el Cielo

Lucas 12

**32 No temáis, manada pequeña, porque a
vuestro Padre le ha placido daros el reino. 33
Vended lo que poseéis, y dad limosna; haceos
bolsas que no se envejezcan, tesoro en los
cielos que no se agote, donde ladrón no llega,
ni polilla destruye.** 34 Porque donde está vuestro
tesoro, allí estará también vuestro corazón.

Debido a que el texto nos señala, que debemos de acumular
tesoros en el cielo. Y como ya lo hemos comentado en paginas
anteriores; todo lo que aquí en la tierra es atesorado, o tiene
valor para los hombres perdidos; es considerado basura para
Dios en los cielos (Marcos 8:34-37; Lucas 16:15)

La pregunta, que necesariamente debemos de hacernos
entonces; sería. ¿Qué es aquello, que Dios considera como un
tesoro? Y media vez, tengamos claro y definido el concepto
de lo que es valioso para Dios. Entonces, y sólo entonces;
tendremos claro en amontonar debidamente esas riquezas,
como El lo espera de nosotros.

Para eso, nada mejor que ir a la palabra de Dios; la cual nos
da la identidad de esa riqueza, o tesoro que Dios quiere que
acumulemos allá en el cielo. Vea el siguiente pasaje.

1 Timoteo 6

[17] A los ricos de este siglo manda que **no sean altivos, ni pongan la esperanza en las riquezas, las cuales son inciertas, sino en el Dios vivo,** que nos da todas las cosas en abundancia para que las disfrutemos. **[18] Que hagan bien, que sean ricos en buenas obras, dadivosos, generosos; [19] atesorando para sí buen fundamento** para lo por venir, que echen mano de la vida eterna.

2 Corintios 8

[9] Porque ya conocéis la gracia de nuestro Señor Jesucristo, que **por amor a vosotros se hizo pobre, siendo rico, para que vosotros con su pobreza fueseis enriquecidos.**

Como hemos podido ver en la literatura de 1Timoteo 6:17-19; se recomienda que nuestro carácter y esperanza, no se depositen en los bienes materiales, los cuales son inciertos; e insta a que depositemos nuestro carácter y esperanza; en el Dios vivo. A la misma vez habla, de que el cristiano se enriquezca de buenas y generosas obras; y esto es considerado como un acto de atesorar en el cielo para la eternidad. ¡Que el cristiano pueda acumular una fortuna incorruptible, sin la necesidad de tener una moneda en los bolsillos! ¡Esta, sí que es una buena noticia! Recuerde que los valores que se tienen en la tierra; están en contraste, con los valores que se tienen en el cielo. Y habiendo entendido que un tesoro no necesariamente tiene que ser algo material; más bien es cualquier cosa; en la que el individuo pone su afecto y esperanza. Podemos decir, que el cristiano tiene claramente identificado a Cristo; como el máximo objetivo de sus afectos esperanza y posesiones. Porque la realidad es que, aunque el cristiano no tenga nada materialmente y todos sus amigos y familiares le hayan abandonado; pero si tiene a Cristo en su corazón, entonces él es la persona más afortunada y dichosa; porque Cristo es su principal Tesoro. Los apóstoles Pedro y Juan; dijeron en una ocasión, a un invidente que les pidió una moneda; que no tenían plata ni oro. Pero le dieron lo que ellos poseían; y esto definitivamente cambio la vida de aquel invidente, que saltaba de gozo por la bendición recibida. En efecto el cristiano aunque no tenga dinero, tiene muchísimo para dar a todo necesitado; cualquiera que sea esa necesidad.

Hechos 3

³ Este, cuando vio a Pedro y a Juan que iban a entrar en el templo, **les rogaba que le diesen limosna**. ⁴ Pedro, con Juan, fijando en él los ojos, le dijo: Míranos. ⁵ Entonces él les estuvo atento, esperando recibir de ellos algo. ⁶ Mas Pedro dijo: **No tengo plata ni oro, pero lo que tengo te doy; en el nombre de Jesucristo de Nazaret, levántate y anda. ⁷ Y tomándole por la mano derecha le levantó; y al momento se le afirmaron los pies y tobillos;** ⁸ y saltando, se puso en pie y anduvo; y entró con ellos en el templo, andando, y saltando, y alabando a Dios. ⁹ Y todo el pueblo le vio andar y alabar a Dios.

Desde su preparación al ministerio, Cristo había instruido a los apóstoles con esta clase de palabras *"⁸Sanad enfermos, limpiad leprosos, resucitad muertos, echad fuera demonios; de gracia recibisteis, dad de gracia."* *(Mateo 10:8)*. Así que ellos dieron de gracia; lo que por gracia habían recibido, ya que los asuntos conferidos a la administración de las cosas espirituales; como la salvación, los dones, los milagros y potestades, no tiene precio.

El que una persona tome los dones del Espíritu Santo mezquinamente, para establecer una empresa que lucre con lo divino; es algo sumamente peligroso. Un ejemplo de esto se encuentra en el libro de los Hechos 8:18-23. En ese pasaje Simón el mago ofreció dinero a los apóstoles; con el fin de poseer la potestad de ministrar el Espíritu Santo a las personas que él quisiera. Sin embargo lo que recibió fue una fuerte amenaza de los apóstoles; por hacerles semejante proposición. Pedro le dijo *"tu corazón no es recto delante de Dios"*. Porque obviamente Simón no quería ministrar el Espíritu Santo; con un propósito limpio; sino con fines de lucro. Su corazón estaba prisionero en una cárcel de amargura y de maldad. Por lo tanto, su intención de poseer los dones divinos no era correcta; y cualquier obra que se haga con una intención inadecuada, es infructífera para Dios; allá en los cielos.

Hechos 8
¹⁸ Cuando vio Simón que por la imposición de las manos de los apóstoles se daba el Espíritu Santo, **les ofreció dinero**, ¹⁹ **diciendo: Dadme también a mí este poder**, para que cualquiera

a quien yo impusiere las manos reciba el
Espíritu Santo. [20] Entonces Pedro le dijo: **Tu
dinero perezca contigo, porque has pensado
que el don de Dios se obtiene con dinero.**
[21] No tienes tú parte ni suerte en este asunto,
porque tu corazón no es recto delante de Dios.
[22] Arrepiéntete, pues, de esta tu maldad, y ruega
a Dios, si quizá te sea perdonado el pensamiento
de tu corazón; [23] **porque en hiel de amargura
y en prisión de maldad veo que estás.**

A Dios le interesa la calidad, de lo que hacemos, no la cantidad.
**Esto significa que si la realización de nuestra obra; tiene
el carácter, y el propósito correcto; entonces recibiremos
recompensa de parte de Dios. El nos pone un crédito que
se atesora en el cielo.** Por otro lado, si lo que un cristiano
hace; no tiene el carácter correcto, ni el propósito aprobado
por Dios. Entonces podría ser que la persona sea reconocida
aquí en la tierra, y que coseche admiración y aplausos de los
que le rodean. Pero a esa persona, el crédito que le dieren en
la tierra; en el cielo no se le está contando. El no tiene por esa
obra, ninguna recompensa delante de Dios (Apocalipsis 3:17-
18). De ahí que en los siguientes pasajes, se nos inste a analizar
el corazón y sus intenciones. No sea que como viles religiosos
caigamos en la irresponsabilidad, la farsa, y la vanagloria.

Mateo 6
[1] **Guardaos de hacer vuestra justicia delante
de los hombres, para ser vistos de ellos;
de otra manera no tendréis recompensa**

de vuestro Padre que está en los cielos.
²Cuando, pues, des limosna, no hagas tocar
trompeta delante de ti, como hacen los
hipócritas en las sinagogas y en las calles, **para
ser alabados por los hombres; de cierto
os digo que ya tienen su recompensa.**

Mateo 12

³³ O haced el árbol bueno, y su fruto bueno,
o haced el árbol malo, y su fruto malo;
porque por el fruto se conoce el árbol. ³⁴
**!!Generación de víboras! ¿Cómo podéis
hablar lo bueno, siendo malos?** Porque
de la abundancia del corazón habla la boca.
³⁵ **El hombre bueno, del buen tesoro del
corazón saca buenas cosas; y el hombre
malo, del mal tesoro saca malas cosas.**

Romanos 16

¹⁷ Mas os ruego, hermanos, que os fijéis en los
que causan divisiones y tropiezos en contra de
la doctrina que vosotros habéis aprendido, y que
os apartéis de ellos. ¹⁸ **Porque tales personas
no sirven a nuestro Señor Jesucristo, sino a
sus propios vientres,** y con suaves palabras y
lisonjas engañan los corazones de los ingenuos.

Filipenses 3

¹⁹ el fin de los cuales será perdición, **cuyo dios
es el vientre,** y cuya gloria es su vergüenza;
que **sólo piensan en lo terrenal.**

¿Porque Atesorar en el Cielo?

¿Porque hemos de atesorar, en el cielo y no en la tierra? ¡Esa es una buena pregunta! Cuando se nos dice; que en cada buena obra que realizamos; estamos acumulando tesoros celestiales para la eternidad; los cuales se nos entregaran en el Tribunal de Cristo; ya sea que estos bienes sean, gloriosas potestades y virtudes; o literalmente, grandes bienes materiales. ¿Por qué esperar hasta el tiempo, en que a iglesia sea llevada a los cielos, al Tribunal de Cristo?

¿Pero es que acaso, Dios no sabe; la justa medida de recompensas, que nuestras obras merecen? ¡Si El, todo lo sabe! ¿Entonces por qué esperar hasta el Tribunal de Cristo? Bueno yo creo que hay varias causas, como el que Dios; es un Dios de orden; otra causa seria que para todo hay tiempo, así como lo hay para nacer, y para morir, para reír, o llorar; como también para sembrar, y cosechar; porque todo tiene su tiempo; y todo tiene su hora (Eclesiastés Cap. 3). En fin, Dios puso los tiempos y las sazones según su propia potestad (Hechos 1:7). **Pero haciendo un lado, a muchos de los motivos que Dios ha de tener; para fechar nuestra entrega de galardones, coronas, y todo tipo de riquezas espirituales; hasta después de que la iglesia haya sido arrebatada; y se presente ante el tribunal de Cristo.**

Una buena razón para esta especulación, seria debido; a que **la magnitud de la gloria que recibiremos, es sumamente especial;**

necesariamente tiene que estar depositada en un cuerpo, cuya naturaleza sea adecuada para recibir tales grandezas. Este cuerpo debe tener las transformaciones pertinentes; para que, así se le imputen; semejantes y grandes premios, y coronas. De lo contrario, nosotros no podríamos lidiar con tan enormes bendiciones; que de seguro despertarían corrupción en nosotros.

Esta especulación tiene un enorme peso de coherencia; y se ha formulado en base a los relatos contenidos en las sagradas escrituras. Reflexionando un poco, acerca de la tendencia a la auto exaltación; podemos notar, que es un mal, que adolecen tanto las criaturas humanas, como angelicales. Y esa tendencia, al parecer es la originadora de toda pecaminosidad y corrupción. ¡Y eso, a pesar de que Dios ha dotado a cada ser en particular; de grandes facultades y virtudes especiales!

Entre algunos ejemplos que podríamos señalar en cuanto a esto; está el caso de Adán y a Eva. A quienes Dios les dio una naturaleza incorruptible, e inocente; y les hizo señorear sobre todo lo creado en la tierra; incluyendo la administración del Edén. Pero fallaron rotundamente; a pesar de tener tantas virtudes, y una humanidad, digamos inmortal; "si es que se hubieran mantenido fieles a Dios". No obstante, la ambición por ser iguales a Dios, en cuanto al conocimiento los corrompió; e incitados por Satanás se rebelaron contra su Creador desobedeciendo su mandamiento (Génesis 3). Después de alargar su mano y comer del fruto prohibido;

corrompieron su naturaleza; y atrajeron la muerte y el pecado sobre ellos, y en consecuencia, sobre todos sus descendientes.

Se ha preguntado alguna vez ¿Porque Dios expulso a Adán y a Eva del paraíso; e impidió que comieran del fruto del árbol de la vida?

Solamente imagínese, que hubiera pasado, si Adán en su estado caído; con la corrupción emergiendo en él a todo vapor; hubiera podido comer del fruto de la inmortalidad. ¡Bueno! hubiera añadido a su naturaleza corrupta, una virtud indestructible; y eso hubiera sido una peor tragedia. Esa hubiera sido la prolongación de una vida, que nunca cesaría de producir maldad y rebelión contra Dios.

Note que esa virtud de vida eterna, que se ofrecía en el árbol que producía el fruto de la vida, era por así decirlo; la máxima corona que hubiera podido obtener el ser humano en esa etapa (y también en esta). Y si esa pareja se hubiera mantenido en obediencia, y libre de pecado; para ellos técnicamente y con toda libertad, les era lícito comer del fruto del árbol de la vida (Génesis 2:16-17). Pero al escoger mal; tomaron del fruto prohibido (del conocimiento de lo bueno y de lo malo); y con su acción perdieron la oportunidad de obtener la inmortalidad.

Volviendo a reflexionar acerca de la naturaleza original, y pulcra del primer hombre; esa naturaleza al no ser incorruptible; mostro esa deficiencia a la auto exaltación que le hizo fallar. Puesto que como hemos dicho, uno **de** los motivos, principales que influenciaron a esa pareja; a tomar de ese fruto prohibido; fue que quisieron ser como Dios. Al menos, en cuanto al conocimiento; de lo que era malo, y de lo que era bueno.

Otros casos en los cuales se evidencia la corrupción de nuestra naturaleza humana; a pesar de que un individuo llegue a ser receptor de vistosos dones. Son los casos ya mencionados de Sansón, a quien ni la fuerza física que divinamente Dios le había otorgado; le eximió que fuera una persona, con una fuerte tendencia al pecado de fornicación (Jueces 16:1-4). O el caso de Salomón, al cual Dios le concedió una sabiduría como ningún otro en su tiempo (1 Reyes 3:3-12). Y sin embargo, eso tampoco lo excluyó de cometer los errores y abominaciones; que se registran acerca de, el, en la Biblia (1 Reyes 11:1-33). Y aún, veamos el caso del rey David; del cual se dice que era conforme al corazón de Jehová. Sin embargo, eso tampoco lo impermeabilizó para no desear a Betzabé; cometer adulterio, y armar un complot contra Urías; el marido de esta mujer, provocando su muerte (2 Samuel 11).

En cuanto a la etapa del Nuevo Pacto, vemos como a la iglesia; se le ha facultado con una enorme cantidad de bendiciones y potestades. Cada cristiano al nacer del espíritu, ha sido transformado en una nueva criatura (2 Corintios 5:17); y goza ante Dios de una posición de hijo adoptado (Romanos 8:14-17; Gálatas 3:25-29). También ha sido lleno del poder, y los ricos dones del Espíritu Santo (Juan 14:15-20; Hechos 2:1-3; 1Corintios 12:1-11). ¡A Dios sea la gloria! porque definitivamente, sin todo lo que Dios ha hecho en nosotros; no podríamos avanzar, ni un solo paso; rumbo a la gloria eterna descrita en la Biblia (Juan 15:4-5).

Pero si de verdad estamos consientes, de todo lo que el cristiano ha recibido; en su etapa de ser humano. Tenemos que reconocer, que a pesar de todas las perfectas virtudes recibidas; todavía existen tendencias carnales muy poderosas en nosotros. Respecto a esto, en un extracto de la literatura que encontramos el capítulo 7 de la epístola a los Romanos. El gran apóstol Pablo, luego de abordar el tema de la corrupción; que existe en nuestro cuerpo de carne, exclamo como en un rugido de dolor: *"!Miserable de mí! ¿Quién me librará de este cuerpo de muerte?"* Piense que pasaría, si se nos entregaran todos los tesoros celestiales; estando todavía en este cuerpo imperfecto. ¡Exacto! nuestra carnalidad y corrupción todavía activas (Romanos 3:12), atentarían a manipular toda esa riqueza de potestades y glorias. Y trataría de tornar todas esas capacidades, para propósitos personales.

A este mismo apóstol se le otorgaron enormes y grandes revelaciones; y para que su carne no le exaltase sobremanera; entonces le fue dado un aguijón en su carne; que regulaba su carácter, ambición y orgullo (2 Corintios 12:1-10)

2 Corintios 12
⁷Y para que la grandeza de las revelaciones
no me exaltase desmedidamente, me
fue dado un aguijón en mi carne, un

mensajero de Satanás que me abofetee, **para que no me enaltezca sobremanera;**
El poder para los discípulos
Durante el ministerio de Cristo

Al recorrer la gloriosa literatura del sacro evangelio, nos damos cuenta; de que cuando Jesús reclutó apóstoles y discípulos, para encomendarlos a la obra de evangelismo; también les otorgó maravillosas potestades. Porque ¿cómo podrían desempeñar semejante obra; sin las virtudes divinas apropiadas? Así que de acuerdo a la necesidad, los discípulos fueron facultados con virtudes; que se añadieron a su deficiente humanidad. (Mateo 10:1-20; Lucas 9:1-6; 10:1-20)

Cuando 70 de esos reclutados, retornaron de su viaje misionero; ellos estaban gozosos, porque aún los demonios se les sujetaban. Sin embargo, Jesús les dijo que no se alegraran; porque los demonios se les sujetaban; sino que más bien se regocijaran; porque su nombre estaba escrito en los cielos. (Lucas 10:1-20).

En ese tipo de burbuja virtuosa, llena de poder; en la que los discípulos se encontraban durante el ministerio de Jesús. La carne no dejó de manifestar su tendenciosa debilidad; y pronto se vio a estos hombres de Dios, envueltos en fricciones; disputando entre ellos las más altas posiciones ministeriales. Casos como el de los hijos de Zebedeo; o del celo de Pedro sobre Juan, fueron las eventualidades que generaron; que Jesús les reprendiera, y que les señalara que en el reino de los cielos; el que es servidor de todos, ese es el más grande. Y de esa manera contrarrestar la ansiedad de poder; que los estaba corrompiendo, de celos y envidia.

Marcos 9

[33] Y llegó a Capernaum; y cuando estuvo en casa, les preguntó: ¿Qué disputabais entre vosotros en el camino? [34] Mas ellos callaron; porque en el camino habían disputado entre sí, quién había de ser el mayor. [35]Entonces él se sentó y llamó a los doce, y les dijo: **Si alguno quiere ser el primero, será el postrero de todos, y el servidor de todos.** [36]Y tomó a un niño, y lo puso en medio de ellos; y tomándole en sus brazos, les dijo: [37]El que reciba en mi nombre a un niño como este, me recibe a mí; y el que a mí me recibe, no me recibe a mí sino al que me envió.

Marcos 10

[35]Entonces Jacobo y Juan, hijos de Zebedeo, se le acercaron, diciendo: Maestro, querríamos que nos hagas lo que pidiéremos. [36]El les dijo: ¿Qué queréis que os haga? [37]Ellos le dijeron: **Concédenos que en tu gloria nos sentemos** el uno a tu derecha, y el otro a tu izquierda. [38]Entonces Jesús les dijo: No sabéis lo que pedís. ¿Podéis beber del vaso que yo bebo, o ser bautizados con el bautismo con que yo soy bautizado? [39]Ellos dijeron: Podemos. Jesús

les dijo: A la verdad, del vaso que yo bebo, beberéis, y con el bautismo con que yo soy bautizado, seréis bautizados; ⁴⁰ pero el sentaros a mi derecha y a mi izquierda, no es mío darlo, sino a aquellos para quienes está preparado. **⁴¹ Cuando lo oyeron los diez, comenzaron a enojarse contra Jacobo y contra Juan.** ⁴²Mas Jesús, llamándolos, les dijo: Sabéis que los que son tenidos por gobernantes de las naciones se enseñorean de ellas, y sus grandes ejercen sobre ellas potestad. ⁴³Pero no será así entre vosotros, sino que el que quiera hacerse grande entre vosotros será vuestro servidor, ⁴⁴y el que de vosotros quiera ser el primero, será siervo de todos. ⁴⁵Porque el Hijo del Hombre no vino para ser servido, sino para servir, y para dar su vida en rescate por muchos.

Mateo 20

²⁵Entonces Jesús, llamándolos, dijo: **Sabéis que los gobernantes de las naciones se enseñorean de ellas, y los que son grandes ejercen sobre ellas potestad. ²⁶Mas entre vosotros no será así, sino que el que quiera hacerse grande entre vosotros será vuestro servidor,** ²⁷y el que quiera ser el primero entre vosotros será vuestro siervo; ²⁸como el Hijo del Hombre no vino para ser servido, sino para servir, y para dar su vida en rescate por muchos.

Juan 21

[20] Volviéndose Pedro, vio que les seguía el discípulo a quien amaba Jesús, el mismo que en la cena se había recostado al lado de él, y le había dicho: Señor, ¿quién es el que te ha de entregar? [21] Cuando Pedro le vio, dijo a Jesús: **Señor, ¿y qué de éste?** [22] **Jesús le dijo: Si quiero que él quede hasta que yo venga, ¿qué a ti? Sígueme tú.**

Poder y fuego del Espíritu Santo para los discípulos Durante la era de la Iglesia

Uno pensaría que venida una gracia, y poder virtuoso aun mas grande, como el que vino en Pentecostés; sobre la vida de los apóstoles y demás discípulos. Podrían con ello superarse las deficiencias carnales, pero no fue así. ¡Porque repetimos! mientras no recibamos un cuerpo de gloria incorruptible; seguiremos produciendo deficiencias de comportamiento, y de carácter. Note como el apóstol Pedro, tuvo que ser reprendido por el apóstol Pablo; en el libro de Gálatas. Para así, poder refrenar, la avasalladora hipocresía; que había arrasado con Pedro y Bernabé.

Gálatas 2

[11] Pero cuando Pedro vino a Antioquía, le resistí cara a cara, porque era de condenar. [12] Pues antes que viniesen algunos de parte de Jacobo, comía con los gentiles; pero después que vinieron, se retraía y se apartaba, porque

tenía miedo de los de la circuncisión. [13] Y en su simulación participaban también los otros judíos, **de tal manera que aun Bernabé fue también arrastrado por la hipocresía de ellos.** [14] Pero cuando vi que no andaban rectamente conforme a la verdad del evangelio, dije a Pedro delante de todos: Si tú, siendo judío, vives como los gentiles y no como judío, ¿por qué obligas a los gentiles a judaizar?

Esta deficiencia también es evidente; en el divisionismo que se encontraba en la iglesia de los corintios.

1 Corintios 1
[11] Porque he sido informado acerca de vosotros, hermanos míos, por los de Cloé, que **hay entre vosotros contiendas.** [12] **Quiero decir, que cada uno de vosotros dice: Yo soy de Pablo; y yo de Apolos; y yo de Cefas; y yo de Cristo.** [13] ¿Acaso está dividido Cristo? ¿Fue crucificado Pablo por vosotros? ¿O fuisteis bautizados en el nombre de Pablo?

1 Corintios 3
[3] **porque aún sois carnales; pues habiendo entre vosotros celos, contiendas y disensiones, ¿no sois carnales, y andáis como hombres?** [4] **Porque diciendo el uno: Yo ciertamente soy de Pablo; y el otro: Yo soy de Apolos, ¿no sois carnales?**

El poder del cristianismo hoy día

No crea que los cristianos de hoy día, somos exentos. No es acaso toda una realidad, que; aunque hay muchos buenos creyentes en la iglesia; sin embargo también hay una gran cantidad de gente vanagloriosa y jactanciosa. Personas manipuladoras, que usan hábilmente sus talentos y capacidades; para su gloria personal. Alguien expreso en cierto momento; que: *"si los tesoros, galardones, coronas, potestades, autoridad; y todas las demás recompensas que Dios otorgara al cristiano en el Tribunal de Cristo; se otorgaran en esta vida. Nos despedazaríamos unos a otros; por el celo y la envidia, que se generarían en nosotros".*[9]

Éstos ejemplos que hemos citado, son una evidencia clara; de que tanto aquellos hombres del Antiguo como los del Nuevo Testamento. Aunque indiscutiblemente fueron hombres santos; sin embargo, toda virtud y potestad que recibieron; la recibieron en la imperfección de su frágil carne (Isaías 53:6; Romanos 3:9-23; 5:12; 7:7-24). Pablo escribió respecto a esta realidad.

2 Corintios 4
⁷Pero tenemos este tesoro en vasos de barro, para que la excelencia del poder sea de Dios, y no de nosotros,

---

[9] Autor desconocido:

Aunque hasta hoy en la actualidad, la Iglesia ha sido beneficiada con los grandes regalos, que Dios le ha imputado. La realidad es que seguimos siendo vulnerables a los apetitos carnales, y a sus fuertes tendencias. No importa la intensidad de las virtudes, que Dios nos haya concedido en la actualidad; mientras estemos en esta carne; seremos unos imperfectos. Y por lo tanto; nuestra actual naturaleza; es inapropiada para poder recibir: los tesoros, galardones, coronas, autoridad, prodigios, virtudes, etc., etc.; y todo lo que sea. Porque se nos corrompería en nuestras manos. Y esta es la principal causa, del **porque primero; debemos de obtener un cuerpo glorificado, y exento de corrupción. Para así poder ser receptores apropiados, de todas las bendiciones acumuladas, que cosecharemos; sin que nos corrompan, ni las corrompamos.** (Romanos 8:12-23; 1 Corintios 15:53-54).

El estado de la naturaleza del cristiano que ya ha partido de esta tierra

Pero sigamos reflexionando. Si el cristiano ha cumplido su misión en esta tierra, y habiendo muerto ha sido despojado de su cuerpo animal, o deficiencias físicas y de la tendencia carnal; que en el habitaba. Y si además está gozando de la presencia del Señor; en un estatus existencial, netamente espiritual (Hechos 7:59-60; 2 Corintios 5:8-9). ¿Por qué no darle las coronas que merece, inmediatamente después de su muerte? ¿Por qué esperar hasta Tribunal de Cristo?

Como hemos dicho; **la naturaleza del creyente; ya sea que esté vivo; o ya sea que, haya muerto; necesita ser glorificada y perfeccionada en el arrebatamiento. Y entonces, y solo hasta entonces; todos los genuinos creyentes con la redención de su naturaleza completada, y consumada (Romanos 8:12-23); podrán entrar al Tribunal de Cristo; para recibir todos los tesoros que Dios tenga para ellos.**

1 Corintios 15
⁴⁴ Se siembra cuerpo animal, resucitará cuerpo espiritual. Hay cuerpo animal, y hay cuerpo espiritual. ⁴⁵ Así también está escrito: Fue hecho el primer hombre Adán alma viviente; el postrer Adán, espíritu vivificante. **⁴⁶ Mas**

lo espiritual no es primero, sino lo animal; luego lo espiritual. [47] El primer hombre es de la tierra, terrenal; el segundo hombre, que es el Señor, es del cielo. [48] Cual el terrenal, tales también los terrenales; y cual el celestial, tales también los celestiales. [49] **Y así como hemos traído la imagen del terrenal, traeremos también la imagen del celestial.** [50] Pero esto digo, hermanos: que la carne y la sangre no pueden heredar el reino de Dios, ni la corrupción hereda la incorrupción. [51] He aquí, os digo un misterio: No todos dormiremos; pero todos seremos transformados, [52] en un momento, en un abrir y cerrar de ojos, a la final trompeta; porque se tocará la trompeta, y los muertos serán resucitados incorruptibles, y nosotros seremos transformados. [53] **Porque es necesario que esto corruptible se vista de incorrupción, y esto mortal se vista de inmortalidad.** [54] **Y cuando esto corruptible se haya vestido de incorrupción, y esto mortal se haya vestido de inmortalidad,** entonces se cumplirá la palabra que está escrita: Sorbida es la muerte en victoria.

Ya que antes del Rapto de la iglesia, este vivo o este muerto; ninguno de los fieles a Dios en Cristo; está completamente facultado con la naturaleza apropiada, para poder recibir todos los tesoros y glorias prometidas. Y en efecto, aunque el cristiano habiendo dejado su cuerpo mortal; este en una esencia espiritual, en la misma presencia del Señor;

no obstante no podría lidiar con toda la magnitud de esas virtudes y enormes bendiciones prometidas; al no tener como receptora una naturaleza adecuada.

Con esto queremos decir, que en la dimensión de los espíritus; encontramos que aparte del Dios incorruptible. Existen seres angelicales, que netamente son **seres espirituales; y que a pesar de que nunca han gozado de una naturaleza de carne, no por ello son todos fieles y puros**. Tal es el caso de Satanás y de los ángeles caídos; los cuales desearon más poder y gloria; de la que se les habría concedido. Satanás se quiso entronizar y pretendió ser igual a Dios; y al tratar de tomar lo que no se le concedió; lo que acarreo fue maldición.

Isaías 14
¹³ Tú que decías en tu corazón: Subiré al cielo; en lo alto, junto a las estrellas de Dios, **levantaré mi trono**, y en el monte del testimonio me sentaré, a los lados del norte; ¹⁴ sobre las alturas de las nubes subiré, y **seré semejante al Altísimo**. ¹⁵ Mas tú derribado eres hasta el Seol, a los lados del abismo.

Ezequiel 28
¹⁴ Tú, querubín grande, protector, yo te puse en el santo monte de Dios, allí estuviste; en medio de las piedras de fuego te paseabas. ¹⁵ **Perfecto eras en todos tus caminos desde el día que fuiste creado, hasta que se halló en ti maldad.** ¹⁶ **A causa de la multitud de tus contrataciones**

fuiste lleno de iniquidad, y pecaste; por lo
que yo te eché del monte de Dios, y te arrojé
de entre las piedras del fuego, oh querubín
protector. [17] Se enalteció tu corazón a causa de tu
hermosura, corrompiste tu sabiduría a causa de
tu esplendor; yo te arrojaré por tierra; delante de
los reyes te pondré para que miren en ti. [18] Con la
multitud de tus maldades y **con la iniquidad de
tus contrataciones profanaste tu santuario;
yo, pues, saqué fuego de en medio de ti, el
cual te consumió,** y te puse en ceniza sobre
la tierra a los ojos de todos los que te miran.

¿Porque paso eso? **Porque las glorias, potestades, y
virtudes, tienen medidas; que se imputan en la justa
naturaleza, que ha sido creada para recibir tales
cualidades gloriosa. Tomar más allá de lo concedido,
es un atrevimiento; que lo único que hace, es provocar
destrucción al atrevido.**

Ante esta realidad, entendamos que es sumamente necesario
que el cristiano sea pasado por un proceso de transformación
gloriosa; que genere en nosotros un cuerpo incorruptible
(1 Corintios 15:53-55). Lo cual habrá de sobrepasar
enormemente todas nuestras expectativas; ya que seremos
semejantes a la humanidad del Cristo resucitado (1 Juan 3:2;
Filipenses 3:21). Para que de este modo, podamos recibir
todos los tesoros de ricas virtudes y capacidades; que Dios
quiere imputarnos, en el Tribunal de Cristo.

1 Corintios 2

⁹ Antes bien, como está escrito: **Cosas que ojo no vio, ni oído oyó, Ni han subido en corazón de hombre, Son las que Dios ha preparado para los que le aman.**

Filipenses 3

²⁰ Mas nuestra ciudadanía está en los cielos, de donde también esperamos al Salvador, al Señor Jesucristo; ²¹ **el cual transformará el cuerpo de la humillación nuestra, para que sea semejante al cuerpo de la gloria suya, por el poder con el cual puede también sujetar a sí mismo todas las cosas.**

Romanos 8

¹⁸ Pues tengo por cierto que las aflicciones del tiempo presente no son comparables con **la gloria venidera que en nosotros ha de manifestarse.** ¹⁹ Porque el anhelo ardiente de la creación es el aguardar la manifestación de los hijos de Dios. ²⁰ Porque la creación fue sujetada a vanidad, no por su propia voluntad, sino por causa del que la sujetó en esperanza; ²¹ porque también la creación misma será libertada de la esclavitud de corrupción, a la libertad gloriosa de los hijos de Dios. ²²Porque sabemos que toda la creación gime a una, y a una está con dolores de parto hasta ahora; ²³y no sólo ella, sino que también

nosotros mismos, que tenemos las primicias del Espíritu, **nosotros también gemimos dentro de nosotros mismos, esperando la adopción, la redención de nuestro cuerpo.**

Reflexión a este comentario

Se nos dice en la biblia que Dios creó al hombre conforme a su imagen y semejanza (Génesis 1:26-27). Pero el hombre fracaso en el propósito de Dios, de continuar puro, libre de pecado y con aspiraciones aprobadas; para comer del fruto de la vida y volverse indestructible, e incorruptible.

El hombre en su estado caído está destinado a la condenación eterna; porque la biblia dice que *"¹²Por tanto, como el pecado entró en el mundo por un hombre, y por el pecado la muerte, así la muerte pasó a todos los hombres, por cuanto todos pecaron." (Romanos 5:12). Y en consecuencia "²³por cuanto todos pecaron, y están destituidos de la gloria de Dios," (Romanos 3:23).*

Pero ahora, Dios en la humanidad de Cristo Jesús se hiso humano (2 Corintios 5:19); para poder moldear a todos los suyos a su imagen y a su semejanza (Filipenses 3:20-21). Y de esta manera operar nuestra transformación, al modelo indestructible de nuestro Creador Jesucristo (Juan 1:1-14; Colosenses 1:15-17; Hebreos 1:2-3); de quien seguiremos tomando nuestra futura imagen y semejanza. Entonces a la postre, y concluido todo su trabajo transformador en nosotros; nos ara preciosos y valiosos ante sus ojos.

Isaías 13
**¹¹Y castigaré al mundo por su maldad,
y a los impíos por su iniquidad; y haré**

que cese la arrogancia de los soberbios, y
abatiré la altivez de los fuertes. **¹² Haré más
precioso que el oro fino al varón, y más
que el oro de Ofir al hombre.** ¹³ Porque haré
estremecer los cielos, y la tierra se moverá
de su lugar, en la indignación de Jehová de
los ejércitos, y en el día del ardor de su ira.

2 Corintios 13

⁴ Porque aunque fue crucificado en debilidad,
vive por el poder de Dios. Pues también nosotros
somos débiles en él, pero **viviremos con él
por el poder de Dios** para con vosotros.

Lucas 24

³⁶ Mientras ellos aún hablaban de estas cosas,
**Jesús se puso en medio de ellos, y les dijo:
Paz a vosotros.** ³⁷ Entonces, espantados y
atemorizados, pensaban que veían espíritu.
³⁸ **Pero él les dijo: ¿Por qué estáis turbados, y
vienen a vuestro corazón estos pensamientos?**
³⁹ **Mirad mis manos y mis pies, que yo mismo
soy; palpad, y ved; porque un espíritu no
tiene carne ni huesos, como veis que yo
tengo.** ⁴⁰ Y diciendo esto, les mostró las manos
y los pies. ⁴¹ Y como todavía ellos, de gozo,
no lo creían, y estaban maravillados, les dijo:
¿Tenéis aquí algo de comer? ⁴² Entonces le
dieron parte de un pez asado, y un panal de
miel. ⁴³ Y él lo tomó, y comió delante de ellos.

Filipenses 2

⁵Haya, pues, en vosotros este sentir que hubo también en **Cristo Jesús, ⁶el cual, siendo en forma de Dios, no estimó el ser igual a Dios como cosa a que aferrarse, ⁷sino que se despojó a sí mismo, tomando forma de siervo, hecho semejante a los hombres; ⁸**y estando en la condición de hombre, se humilló a sí mismo, haciéndose obediente hasta la muerte, y muerte de cruz.

Hebreos 2

⁹Pero **vemos a aquel que fue hecho un poco menor que los ángeles, a Jesús, coronado de gloria y de honra, a causa del padecimiento de la muerte, para que por la gracia de Dios gustase la muerte por todos. ¹⁰Porque convenía a aquel por cuya causa son todas las cosas, y por quien todas las cosas subsisten, que habiendo de llevar muchos hijos a la gloria, perfeccionase por aflicciones al autor de la salvación de ellos. ¹¹**Porque el que santifica y los que son santificados, de uno son todos; por lo cual no se avergüenza de llamarlos hermanos, ¹²diciendo: Anunciaré a mis hermanos tu nombre, En medio de la congregación te alabaré. ¹³Y otra vez: Yo confiaré en él. Y de nuevo: He aquí, yo y los hijos que Dios me dio. ¹⁴**Así que, por cuanto los hijos participaron de carne y sangre, él**

también participó de lo mismo, para destruir por medio de la muerte al que tenía el imperio de la muerte, esto es, al diablo, **¹⁵** y librar a todos los que por el temor de la muerte estaban durante toda la vida sujetos a servidumbre.

Colosenses 1

¹¹ fortalecidos con todo poder, conforme a la potencia de su gloria, para toda paciencia y longanimidad; **¹²** con gozo dando gracias al Padre que nos hizo aptos para participar de la herencia de los santos en luz; **¹³** el cual nos ha librado de la potestad de las tinieblas, y trasladado al reino de su amado Hijo, **¹⁴** en quien tenemos redención por su sangre, el perdón de pecados. **¹⁵ El es la imagen del Dios invisible, el primogénito de toda creación. ¹⁶ Porque en él fueron creadas todas las cosas, las que hay en los cielos y las que hay en la tierra, visibles e invisibles; sean tronos, sean dominios, sean principados, sean potestades; todo fue creado por medio de él y para él. ¹⁷** Y él es antes de todas las cosas, y todas las cosas en él subsisten; **¹⁸** y él es la cabeza del cuerpo que es la iglesia, él que es el principio, el primogénito de entre los muertos, para que en todo tenga la preeminencia; **¹⁹** por cuanto agradó al Padre que en él habitase toda plenitud, **²⁰** y por medio de él reconciliar consigo todas las cosas, así las que están en la tierra como las que están en los cielos, haciendo la paz mediante la sangre de su cruz. **²¹ Y a vosotros también, que erais en otro tiempo extraños y enemigos en vuestra mente, haciendo malas obras, ahora os ha reconciliado ²² en su cuerpo de carne, por medio de la muerte, para presentaros santos y sin mancha e irreprensibles delante de él;**

Filipenses 3

²⁰ Mas nuestra ciudadanía está en los cielos, de donde también **esperamos al Salvador, al Señor Jesucristo;** ²¹ **el cual transformará el cuerpo de la humillación nuestra, para que sea semejante al cuerpo de la gloria suya,** por el poder con el cual puede también sujetar a sí mismo todas las cosas.

El Bema De Cristo

Un Tribunal para Determinar que Recompensa Merecerá Cada Creyente

¿Qué es el Bema de Cristo?

En su segunda carta a la iglesia de los corintios, así como en la carta a los Romanos; el apóstol Pablo escribe acerca del **Tribunal de Cristo**; utilizando la siguiente terminología

2 Corintios 5:10

τοὺς γὰρ πάντας ἡμᾶς φανερωθῆναι δεῖ
ἔμπροσθεν τοῦ **βήματος τοῦ Χριστοῦ** ἵνα
κομίσηται ἕκαστος τὰ διὰ τοῦ σώματος
πρὸς ἃ ἔπραξεν, εἴτε ἀγαθὸν εἴτε φαῦλον.

2 Corintios 5:10

[10] Porque es necesario que todos nosotros
comparezcamos ante el **tribunal de
Cristo**, para que cada uno reciba según
lo que haya hecho mientras estaba en
el cuerpo, sea bueno o sea malo.

Romanos 14:10

Σὺ δὲ τί κρίνεις τὸν ἀδελφόν σου; ἢ καὶ σὺ
τί ἐξουθενεῖς τὸν ἀδελφόν σου; πάντες γὰρ
παραστησόμεθα τῷ **βήματι τοῦ Θεοῦ**.

Romanos 14:10

[10] Pero tú, ¿por qué juzgas a tu hermano?
O tú también, ¿por qué menosprecias a tu
hermano? Porque todos compareceremos
ante el **tribunal de Cristo**.

La palabra griega βήματος "bematos" es una forma transliterada de la palabra βημα "Bema" Algunas formas de transliteración serian βηματι "bḗmati"; βηματος "bematos".

Esta palabra βημα "Bema":

Es traducida al español como: tribuna, tribunal, plataforma elevada, lugar elevado (una plataforma elevada, desde la cual los oradores se dirigieron a una asamblea; se ve como un lugar, u oportunidad para expresar su opinión o veredicto)[10]. En el texto de 2 Corintios 5:10, y en Romanos 14:10; se define por implicación como "Tribunal de Cristo"

La aplicación que la teología, le da a este evento descrito en estos versos (Romanos 14:10; 2 Corintios 5:10); es en un sentido de competencia. Ya que en la antigua Grecia, el tribunal, o silla **"Bema"** era donde se sentaban los jueces durante las competencias atléticas. Y ese estrado, no era para castigar; sino para premiar a los que resultaran ganadores del evento. **En sí, era algo muy similar a la entrega de medallas; que se otorgan hoy en las olimpiadas modernas.**

Así que el Bema de Cristo, y Tribunal de Cristo; son prácticamente lo mismo. Con esta terminología, el apóstol Pablo se estaría refiriendo; a **un juicio para calificar calidades de obras. Y esto ocurrirá en el cielo justo**

---

[10] βημα "Bema: Concordancia Strong 968. Βημα bema
- https://biblehub.com/greek/968.htm
- https://en.wiktionary.org/wiki/%CE%B2%CE%AE%CE%BC%CE%B1

después de Rapto; y solo participaran cristianos genuinos. Por lo cual, no está en cuestión la salvación de los que sean sometidos a este Tribunal. **Más bien el objetivo de este Tribunal, es el de evaluar las obras del Cristiano; y recompensarle de acuerdo al valor, o calidad; de todo lo que el creyente haya hecho en vida, para la gloria de Dios.**

Recuerde que para los que no alcancen la salvación; está reservado el Juicio del Gran Trono Blanco. El cual es un juicio de condenación, y se realizara; después de que el reino milenial de Cristo, haya concluido (Apocalipsis 20:11-15).

Por consiguiente, muchos eruditos coinciden en definir que la idea de Tribunal de Cristo; es el evento en el cual los cristianos de todos los tiempos; serán premiados después de ser Arrebatados en las nubes. Cuando victoriosos sobre la muerte, habiendo ya experimentado que su naturaleza corrupta y mortal; se ha vestido de incorrupción y de inmortalidad. Entonces ya transformados, y en posesión de esa naturaleza gloriosa; serán conducidos al segundo cielo. En donde se ejecutara la entrega de coronas, galardones, y tesoros; en base a la calidad de las obras, que como servicio a Dios haya realizado el cristiano; mientras estuvo en la tierra (Romanos 14:12-13; 2 Corintios 5:10).

Tiempo y Lugar de ese acontecimiento

Ahora bien, quizás algunos puedan cuestionarse acerca del lugar; en el cual se puedan reunir los millones y millones de cristianos de todos los tiempos; con el motivo de que sean procesadas sus obras en el Tribunal de Cristo. Otros pueden cuestionar, respecto al tiempo que se llevará evaluar las obras de tan grande número de personas; puesto que se deduce que será de manera personal y en turno; o sea de uno, por uno.

Sin embargo, una cosa es ciertísima; entre los atributos de Dios, encontramos que El; no solo es Omnisciente, Omnipotente y Omnipresente; también es Atemporal. O sea; Dios no tiene comienzo, ni fin (Génesis 1; Salmo 90:2; Isaías 43:13; 46:9:11; 57:15; 1 Timoteo 1:17; Apocalipsis 1:8). El es absolutamente atemporal, El no está sujeto a nuestra dimensión y concepto del tiempo; ya que como seres temporales, el único control que como humanos tenemos sobre el tiempo; es el momento presente en el cual existimos. Este tiempo siempre se está desapareciendo, se desvanece y pasa sin que podamos evitarlo. Por lo tanto, nuestras vidas son radicalmente efímeras; y tienen un control tenue sobre la existencia. Pero eso es incompatible con Dios; el cual trasciende por completo de la dimensión misma de las eternidades (Nehemías 9:5; Salmos 103:17; 106:48; Hebreos 10:12). De hecho, el ya plasmo en su palabra la historia y el futuro de la humanidad; y definió a detalle el destino del mismísimo universo (Apocalipsis 21:18).

Por consiguiente podemos decir que en su dimensión; su juicio divino no necesita tomar mucho tiempo, puesto que en ese evento; se estará en el Kairós de Dios; en donde un día pueden ser mil años, y mil años pueden ser un día (2 Pedro 3:8). Así que es muy posible, que el juicio a las obras del creyente; llegué a ser instantáneo, en relación al cronos, o tiempo humano.

De la misma manera, es absurdo argumentar que es imposible la realización del Tribunal de Cristo; debido a que no hay un espacio, o lugar adecuando; en el cual se llevara a cabo ese evento. Pero basta con reflexionar en lo vasto que es la expansión del universo, para que toda duda sea disipada.

Metáforas del Acontecimiento

Con el fin de instruir a la iglesia acerca de ese glorioso acontecimiento (el Tribunal de Cristo). En las Sagradas Escrituras se nos proveen varias metáforas, parábolas y demás formas figuradas; en las que se implican las ideas de retribución y recompensas por una labor realizada.

En esas ingeniosas formas figuradas de plasmar dichas ideas; el creyente es enfocando realizando distintas labores. Las cuales una vez concluidas, se nos menciona en la misma escritura; que cualquiera que haya sido esa obra, trabajo; o actividad realizada; será sometida a una acción de evaluó, o fiscalización. Para de esa manera, cotizar el valor de la labor que el creyente realizo. Literalmente estas obras se extienden, a todos los campos, aspectos, y acontecimientos de la vida; de los cuales daremos cuenta.

2 Timoteo 2

[3] Tú, pues, sufre penalidades como buen **soldado** de Jesucristo. [4] Ninguno que milita se enreda en los negocios de la vida, a fin de agradar a aquel que lo tomó por soldado. [5] Y también el que lucha como **atleta,** no es coronado si no lucha legítimamente. [6] El **labrador**, para participar de los frutos, debe trabajar primero. [7] Considera lo que digo, y el Señor te dé entendimiento en todo.

Entre estas actividades Pablo menciona: el trabajo de labrar la tierra, las competencias de correr y de pelear en un estadio (1

Corintios 9:23-27); la construcción de una casa (1 Corintios 3:8-15). Entre otras metáforas y parábolas que pudiéramos ver en la escritura; serian la labor de un soldado en la milicia (2 Timoteo 2:3-4) apacentar un rebaño (Mateo 26:31; Juan 10:16; 21:15-17; Hechos 20:28), la acción negociar con talentos (Mateo 25:15), el acto de comer y beber (Romanos 14:3-23) etc., etc.,

Colosenses 3
[17] **Y todo lo que hacéis, sea de palabra o de hecho, hacedlo todo en el nombre del Señor Jesús**, dando gracias a Dios Padre por medio de él.

Como una Competencia
de Atletismo

Note que así como en el infierno habrá diferentes grados de castigo (Lucas 12:48; Juan 19:11; Isaías 14:9-20; Ezequiel 28:11-19). Así también en el cielo, habrá diferentes grados de recompensas para el cristiano. Como hemos dicho, muchos teólogos concuerdan en que el evento (El Tribunal de Cristo) será algo así, como la actual ceremonia de entrega de medallas; después de una competencia olímpica. Ahí los jueces otorgan, la medalla de oro para el primer lugar; la de plata para el segundo lugar; y la de bronce para el tercer lugar. Mientras que el resto de los participantes entraron en la competencia, pero no tuvieron ningún premio (2 Timoteo 2:5). En ese evento el Señor Jesús, como Juez Justo estará sentado en la Silla Bema; con el propósito de dar los premios adecuados; a los cristianos victoriosos. Mientras tanto, todos los salvos estarán como participantes y testigos del desarrollo de ese evento; en el cual algunos serán ganadores, y algunos otros perderán la recompensa que pensaron que iban a obtener (2 Juan 1:8; Apocalipsis 3:11). Así que tengamos en mente, que no todos los cristianos recibirán el mismo grado de recompensas por sus obras; y que incluso abra quienes lo pierdan todo; aunque ellos mismos continuaran siendo salvos (Mateo 19:30; 20:16; Lucas 13:29)

1 Corintios 9

²³ Y esto hago por causa del evangelio, para hacerme copartícipe de él. ²⁴ ¿No sabéis que **los que corren en el estadio,** todos a la verdad corren, pero uno solo se lleva el premio? Corred de tal manera que lo obtengáis. ²⁵ Todo **aquel que lucha,** de todo se abstiene; ellos, a la verdad, para recibir una corona corruptible, pero nosotros, una incorruptible. ²⁶ **Así que, yo de esta manera corro, no como a la ventura; de esta manera peleo,** no como quien golpea el aire, ²⁷ sino que golpeo mi cuerpo, y lo pongo en servidumbre, **no sea que habiendo sido heraldo para otros, yo mismo venga a ser eliminado.**

2 Timoteo 2

⁵ Y también **el que lucha como atleta, no es coronado si no lucha legítimamente.**

El agricultor y la recompensa por su labor

La clase de parábolas y metáforas, que son de las más usadas en la Sagrada Escritura. Son aquellas en la que se plasma a un agricultor, ejerciendo la labor de la siembra y la cosecha. Más allá de todas las ricas enseñanzas, que puedan emanar en esos valiosos relatos; en ellos se comparte la idea; en la que se expone una exhortación al labrador; para que diligentemente se esfuerce en su oficio, con el fin de obtener la cosecha, recompensa, o salario prometido (Mateo 9:35-38; 13:1-32). Veamos los siguientes pasajes.

2 Corintios 9
⁶ Pero esto digo: **El que siembra escasamente, también segará escasamente; y el que siembra generosamente, generosamente también segará.**

Juan 4
³⁵ ¿No decís vosotros: Aún faltan cuatro meses para que llegue la siega? He aquí os digo: Alzad vuestros ojos y mirad los campos, porque ya están blancos para la siega. ³⁶ **Y el que siega recibe salario, y recoge fruto para vida eterna, para que el que siembra goce juntamente con el que siega.** ³⁷ Porque en esto es verdadero el dicho: Uno es el que siembra, y otro es el que siega. ³⁸ Yo os he enviado a segar

lo que vosotros no labrasteis; otros labraron,
y vosotros habéis entrado en sus labores.

1 Corintios 3
⁵¿Qué, pues, es Pablo, y qué es Apolos?
Servidores por medio de los cuales habéis
creído; y eso según lo que a cada uno concedió
el Señor. ⁶**Yo planté, Apolos regó; pero el
crecimiento lo ha dado Dios**. ⁷Así que ni el
que planta es algo, ni el que riega, sino Dios,
que da el crecimiento. ⁸**Y el que planta y el que
riega son una misma cosa; aunque cada uno
recibirá su recompensa conforme a su labor.**

Mateo 9
³⁷**Entonces dijo a sus discípulos: A la
verdad la mies es mucha, mas los obreros
pocos. ³⁸Rogad, pues, al Señor de la
mies, que envíe obreros a su mies.**

Mateo 20
¹Porque el reino de los cielos es semejante a
un hombre, padre de familia, que **salió por la
mañana a contratar obreros para su viña.** ²
Y habiendo convenido con los obreros en un
denario al día, los envió a su viña. ³Saliendo
cerca de la hora tercera del día, vio a otros que
estaban en la plaza desocupados; ⁴y les dijo:
Id también vosotros a mi viña, y os daré lo que
sea justo. Y ellos fueron. ⁵Salió otra vez cerca

de las horas sexta y novena, e hizo lo mismo. ⁶ Y saliendo cerca de la hora undécima, halló a otros que estaban desocupados; y les dijo: ¿Por qué estáis aquí todo el día desocupados? ⁷ Le dijeron: Porque nadie nos ha contratado. El les dijo: Id también vosotros a la viña, y recibiréis lo que sea justo. **⁸ Cuando llegó la noche, el señor de la viña dijo a su mayordomo: Llama a los obreros y págales el jornal,** comenzando desde los postreros hasta los primeros. ⁹ Y al venir los que habían ido cerca de la hora undécima, recibieron cada uno un denario. ¹⁰ Al venir también los primeros, pensaron que habían de recibir más; pero también ellos recibieron cada uno un denario. ¹¹ Y al recibirlo, murmuraban contra el padre de familia, ¹² diciendo: Estos postreros han trabajado una sola hora, y los has hecho iguales a nosotros, que hemos soportado la carga y el calor del día. ¹³ Él, respondiendo, dijo a uno de ellos: Amigo, no te hago agravio; ¿no conviniste conmigo en un denario? ¹⁴ Toma lo que es tuyo, y vete; pero quiero dar a este postrero, como a ti. ¹⁵ ¿No me es lícito hacer lo que quiero con lo mío? ¿O tienes tú envidia, porque yo soy bueno?

La labor de los Administradores

Las parábolas o pasajes escriturales, que contienen tienen la idea de la labor de mayordomía; en las que la administración del dinero es evidente. Se prefigura la tendencia de enfatizar al creyente, que debe de usar con responsabilidad y de manera productiva; todos los dones (dinero, tiempo, talento, potestades, etc.) que conforme a su capacidad le hayan sido otorgados, para el servicio a Dios (Lucas 19:11-27)

1 Corintios 4
[1] Así, pues, **téngannos los hombres por servidores de Cristo, y administradores de los misterios de Dios.**

Mateo 25
[14] Porque el reino de los cielos es como un hombre que yéndose lejos, **llamó a sus siervos y les entregó sus bienes.** [15] **A uno dio cinco talentos, y a otro dos, y a otro uno, a cada uno conforme a su capacidad;** y luego se fue lejos. [16] Y el que había recibido cinco talentos fue y negoció con ellos, y ganó otros cinco talentos. [17] Asimismo el que había recibido dos, ganó también otros dos. [18] Pero el que había recibido uno fue y cavó en la tierra, y escondió el dinero de su señor. [19] **Después de mucho tiempo vino el señor de aquellos siervos, y arregló cuentas con ellos.** [20] Y llegando el

que había recibido cinco talentos, trajo otros cinco talentos, diciendo: Señor, cinco talentos me entregaste; aquí tienes, he ganado otros cinco talentos sobre ellos. ²¹ Y su señor le dijo: Bien, buen siervo y fiel; sobre poco has sido fiel, sobre mucho te pondré; entra en el gozo de tu señor. ²² Llegando también el que había recibido dos talentos, dijo: Señor, dos talentos me entregaste; aquí tienes, he ganado otros dos talentos sobre ellos. ²³ Su señor le dijo: Bien, buen siervo y fiel; sobre poco has sido fiel, sobre mucho te pondré; entra en el gozo de tu señor. ²⁴ Pero llegando también el que había recibido un talento, dijo: Señor, te conocía que eres hombre duro, que siegas donde no sembraste y recoges donde no esparciste; ²⁵ por lo cual tuve miedo, y fui y escondí tu talento en la tierra; aquí tienes lo que es tuyo. ²⁶ Respondiendo su señor, le dijo: Siervo malo y negligente, sabías que siego donde no sembré, y que recojo donde no esparcí. ²⁷ Por tanto, debías haber dado mi dinero a los banqueros, y al venir yo, hubiera recibido lo que es mío con los intereses.

Como pastores empleados

En el contexto bíblico el ministerio denominado "Pastoral" es prácticamente una labor; en la que Dios llama a una persona, a la cual el Señor ha capacitado para poder atender y guiar a su rebaño, o congregación. Los estándares para tal oficio están claramente definidos en las Sagradas Escrituras; y ningún individuo debería de ostentar tal cargo, si no llena los requisitos ahí estipulados (1 Timoteo 3:1-7; Tito 1:5-9).

Observe con detenimiento, que hay ministros que los hombres, y las instituciones académicas y religiosas establecen; con el fin de apacentar el rebaño de Dios. Hay otros tantos, que así mismo se auto ordenan pastores; Pero también tenemos a aquellos, que genuinamente han sido instituidos por Dios. No por nada está escrito en Mateo 7:15-25; que un día muchos ministros dirán: *"Señor, Señor, ¿no profetizamos en tu nombre, y en tu nombre echamos fuera demonios, y en tu nombre hicimos muchos milagros?"* Pero para su sorpresa, oirán espantados la voz del Señor decirles: *"Nunca os conocí; apartaos de mí, hacedores de maldad".* (Mateo 7:15-23; 24:4-5; 2 Corintios 11:13-15; Apocalipsis 2:2; 2:14-15; 2:20-24; 3:9)

Debemos de tener muy claro, que las personas que habrán de ser atendidas, o apacentadas por esa variedad de pastores; no son de la propiedad de esos ministros. Son ovejas del Señor, son hijos de Dios, son propiedad de Cristo; el cual las compro con su propia sangre. Este grupo de redimidos, han sido confiados temporalmente en las manos de los ministros, los cuales abran de dar cuenta a Dios; no solo de su vida particular y privada. Sino también de cómo ejercieron su ministerio; y de cómo apacentaron a cada oveja que se les delego (Jeremías 23:1-4; Ezequiel 3:17-19; 33:1-9; Hebreos 13:17). Así mismo, se les promete a los ministros fieles y diligentes; que tendrán un premio enorme, por haber ejercido dicha labor con amor y solicitud (Daniel 12:2-3; 2 Timoteo 4:6-8;).

Algunos textos que plasman las responsabilidades; y premios que conlleva este oficio de ser un ministro de Cristo, son los citamos en las siguientes paginas.

Efesios 4

[11] Y él mismo constituyó a unos, apóstoles; a otros, profetas; a otros, evangelistas; a otros, pastores y maestros, [12] a fin de perfeccionar a los santos para la obra del ministerio, para la edificación del cuerpo de Cristo,

Hebreos 13

[17]Obedeced a vuestros pastores, y sujetaos a ellos; **porque ellos velan por vuestras almas, como quienes han de dar cuenta;** para que lo hagan con alegría, y no quejándose, porque esto no os es provechoso.

Juan 21

[15] Cuando hubieron comido, Jesús dijo a Simón Pedro: Simón, hijo de Jonás, ¿me amas más que

éstos? Le respondió: Sí, Señor; tú sabes que te amo. Él le dijo: **Apacienta mis corderos.** ¹⁶ Volvió a decirle la segunda vez: Simón, hijo de Jonás, ¿me amas? Pedro le respondió: Sí, Señor; tú sabes que te amo. Le dijo: **Pastorea mis ovejas.** ¹⁷ Le dijo la tercera vez: Simón, hijo de Jonás, ¿me amas? Pedro se entristeció de que le dijese la tercera vez: ¿Me amas? y le respondió: Señor, tú lo sabes todo; tú sabes que te amo. Jesús le dijo: **Apacienta mis ovejas.**

1 Pedro 5

¹ Ruego a los ancianos que están entre vosotros, yo anciano también con ellos, y testigo de los padecimientos de Cristo, que soy también participante de la gloria que será revelada: ² **Apacentad la grey de Dios que está entre vosotros, cuidando de ella, no por fuerza, sino voluntariamente; no por ganancia deshonesta, sino con ánimo pronto;** ³ no como teniendo señorío sobre los que están a vuestro cuidado, sino siendo ejemplos de la grey. ⁴ **Y cuando aparezca el Príncipe de los pastores, vosotros recibiréis la corona incorruptible de gloria.**

1 Corintios 3

⁸ Y el que planta y el que riega son una misma cosa; aunque **cada uno recibirá su recompensa conforme a su labor.** ⁹ Porque nosotros

somos colaboradores de Dios, y vosotros
sois labranza de Dios, edificio de Dios.

Juan 10

[11] Yo soy el buen pastor: el buen pastor su vida da por las ovejas. [12] Mas el asalariado, y que no es el pastor, de quien no son propias las ovejas, ve al lobo que viene, y deja las ovejas, y huye, y el lobo las arrebata, y esparce las ovejas. [13] Así que, el asalariado, huye, porque es asalariado, y no tiene cuidado de las ovejas. [14] Yo soy el buen pastor; y conozco mis ovejas, y las mías me conocen. [15] Como el Padre me conoce, y yo conozco al Padre; y pongo mi vida por las ovejas. [16] También tengo otras ovejas que no son de este redil; aquéllas también me conviene traer, y oirán mi voz; y habrá un rebaño, y un pastor.

Mateo 19

[28] Y Jesús les dijo: De cierto os digo que en la regeneración, cuando el Hijo del Hombre se siente en el trono de su gloria, **vosotros que me habéis seguido también os sentaréis sobre doce tronos, para juzgar a las doce tribus de Israel.**

1Corintios 9

[16] **Pues si anuncio el evangelio**, no tengo por qué gloriarme; porque me es impuesta necesidad; y ¡**ay de mí si no anunciare**

el evangelio! [17]Por lo cual, si lo hago de buena voluntad, recompensa tendré; pero si de mala voluntad, **la comisión me ha sido encomendada.** [18]¿Cuál, pues, es mi galardón? Que predicando el evangelio, presente gratuitamente el evangelio de Cristo, para no abusar de mi derecho en el evangelio.

Daniel 12

[2]Y muchos de los que duermen en el polvo de la tierra serán despertados, unos para vida eterna, y otros para vergüenza y confusión perpetua. [3]**Los entendidos resplandecerán como el resplandor del firmamento; y los que enseñan la justicia a la multitud, como las estrellas a perpetua eternidad.** [4]Pero tú, Daniel, cierra las palabras y sella el libro hasta el tiempo del fin. Muchos correrán de aquí para allá, y la ciencia se aumentará.

El constructor de edificios
y su recompensa

Entre las metáforas que se utilizan para describir las obras de los cristianos; están aquellas que comparan al creyente; con un constructor de edificios; o como el mismo edificio a construir. Note los siguientes textos, pero ahondaremos más respecto a esto en la siguiente pagina.

Mateo 7

[24] Cualquiera, pues, que me oye estas palabras, y las hace, **le compararé a un hombre prudente, que edificó su casa sobre la roca.** [25] Descendió lluvia, y vinieron ríos, y soplaron vientos, y golpearon contra aquella casa; y no cayó, porque estaba fundada sobre la roca. [26] Pero cualquiera que me oye estas palabras y no las hace, le compararé a un hombre insensato, que edificó su casa sobre la arena; [27] y descendió lluvia, y vinieron ríos, y soplaron vientos, y dieron con ímpetu contra aquella casa; y cayó, y fue grande su ruina.

1 Pedro 2

[5] vosotros también, como piedras vivas, **sed edificados como casa espiritual y sacerdocio santo,** para ofrecer sacrificios espirituales aceptables a Dios por medio de Jesucristo.

2 Corintios

¹ Porque sabemos que si **nuestra morada terrestre**, este tabernáculo, se deshiciere, **tenemos de Dios un edificio, una casa no hecha de manos, eterna, en los cielos.** ² Y por esto también gemimos, deseando ser revestidos de aquella nuestra habitación celestial; ³ pues así seremos hallados vestidos, y no desnudos.

⁴ Porque asimismo los que **estamos en este tabernáculo** gemimos con angustia; porque no quisiéramos ser desnudados, sino revestidos, para que lo mortal sea absorbido por la vida.

1 Corintios 3

¹⁶ **¿No sabéis que sois templo de Dios,** y que el Espíritu de Dios mora en vosotros? ¹⁷ Si alguno destruyere el templo de Dios, Dios le destruirá a él; porque **el templo de Dios, el cual sois vosotros, santo es.**

Como se Evaluaran las obras de los creyentes

El pasaje de 1 Corintios 3:8-15; es el que con más frecuencia se utiliza por los teólogos; para respaldar el argumento de que habrá distintas obras que el cristiano presentara, como desempeño a la causa de Dios. Así como también el mismo pasaje hace mención a la retribución, o las variadas recompensas; que habrán de recibir los cristianos por dichas obras. El texto enfoca la labor de edificar un edificio; y un aspecto sobresaliente que contiene esa lectura; es que en ella, se enfatiza que las recompensas que se otorgaran; serán en base a la calidad y consistencia de dichas obras; las cuales serán pasadas por el fuego, como método de prueba. Debido a la naturaleza, y las características que presenta este pasaje escritural; en cuanto a la singular forma de evaluar, o juzgar toda obra; el texto se asocia por casi todos los intelectuales de la biblia, directamente con el Tribunal de Cristo.

1 Corintios 3

⁸Y el que planta y el que riega son una misma cosa; aunque cada uno recibirá su recompensa conforme a su labor. ⁹Porque nosotros somos colaboradores de Dios, y **vosotros sois labranza de Dios, edificio de Dios**. ¹⁰Conforme a la gracia de Dios que me ha sido dada, yo como **perito arquitecto puse el fundamento, y otro edifica encima; pero cada uno mire cómo**

sobreedifica. [11]Porque nadie puede poner otro fundamento que el que está puesto, el cual es Jesucristo. [12]Y si sobre este fundamento **alguno edificare** oro, plata, piedras preciosas, madera, heno, hojarasca, [13]la obra de cada uno se hará manifiesta; porque el día la declarará, pues por el fuego será revelada; y **la obra de cada uno cuál sea, el fuego la probará.** [14]Si permaneciere la obra de alguno que sobreedificó, recibirá recompensa. [15]Si la obra de alguno se quemare, él sufrirá pérdida, si bien él mismo será salvo, aunque así como por fuego. [16]**¿No sabéis que sois templo de Dios, y que el Espíritu de Dios mora en vosotros?** [17]**Si alguno destruyere el templo de Dios, Dios le destruirá a él; porque el templo de Dios, el cual sois vosotros,** santo es.

La importancia del pasaje de 1 Corintios 3:8-15 Para entender las siguientes enseñanzas

- **¿Quiénes son los que edifican?**
- **¿Cuál es el fundamento para edificar?**
- **¿Qué estamos edificando?**
- **¿Cuál es el valor de esas obras?**
- **¿Cómo serán probadas las obras?**
- **Las ganancias y pérdidas de esas obras**

¿Quiénes son los que edifican?

1 Corintios 3

¹⁰Conforme a la gracia de Dios que me ha sido dada, yo como perito arquitecto puse el fundamento, y otro edifica encima; pero **cada uno mire cómo sobreedifica.**

Aunque algunos pueden interpretar que el texto, es un señalamiento directo al trabajo y las responsabilidades; que desempeñan los ministros del Evangelio en la iglesia de Dios. La realidad es que el pasaje de 1 Corintios 3:8-15; **prácticamente abarca a todos los cristianos en general;** y no solamente a los hermanos, que en la gracia de Dios; han recibido ciertas responsabilidades, ministerios, y capacidades más sobresalientes que otros.

Todos los cristianos conforme crecemos en gracia; vamos forjando nuestro carácter, como hijos de Dios; y seremos juzgados conforme al papel que se nos delegue. Algunos estarán ocupados; en cuanto a trazar a palabra de verdad; mientras que otros estarán pendientes, para aplicar dicha palabra a sus vidas. Unos serán diligentes sirviendo en la alabanza, otros orando, otros ayunando; algunos otros serán muy serviciales. Dios repartirá a cada uno, en particular; algún don del Espíritu; para que la persona lo use adecuadamente y con responsabilidad. (Romanos 12:1-8; 1 Corintio 12; 1 Pedro 4:10-11). Y también debemos de incluir, que nuestras buenas formas de proceder; son mencionadas en ciertos pasajes; como acciones que serán premiadas (Mateo 6:1-18; Lucas 13:14).

1 Corintios 12

⁴Ahora bien, hay diversidad de dones, pero el Espíritu es el mismo. ⁵Y hay diversidad de ministerios, pero el Señor es el mismo. ⁶Y hay diversidad de operaciones, pero Dios, que hace todas las cosas en todos, es el mismo. ⁷**Pero a cada uno le es dada la manifestación del Espíritu para provecho.** ⁸Porque a éste es dada por el Espíritu palabra de sabiduría; a otro, palabra de ciencia según el mismo Espíritu; ⁹a otro, fe por el mismo Espíritu; y a otro, dones de sanidades por el mismo Espíritu. ¹⁰A otro, el hacer milagros; a otro, profecía; a otro, discernimiento de espíritus; a otro, diversos géneros de lenguas; y a otro, interpretación de lenguas. ¹¹Pero todas estas cosas las hace uno y el mismo Espíritu, **repartiendo a cada uno en particular como él quiere.** ¹²Porque así como el cuerpo es uno, y tiene muchos miembros, pero todos los miembros del cuerpo, siendo muchos, son un solo cuerpo, así también Cristo. ¹³Porque por un solo Espíritu fuimos todos bautizados en un cuerpo, sean judíos o griegos, sean esclavos o libres; y a todos se nos dio a beber de un mismo Espíritu. ¹⁴Además, el cuerpo no es un solo miembro, sino muchos. ¹⁵Si dijere el pie: Porque no soy mano, no soy del cuerpo, ¿por eso no

será del cuerpo? ¹⁶Y si dijere la oreja: Porque no soy ojo, no soy del cuerpo, ¿por eso no será del cuerpo? ¹⁷Si todo el cuerpo fuese ojo, ¿dónde estaría el oído? Si todo fuese oído, ¿dónde estaría el olfato? ¹⁸Mas ahora Dios ha colocado los miembros cada uno de ellos en el cuerpo, como él quiso. ¹⁹Porque si todos fueran un solo miembro, ¿dónde estaría el cuerpo? ²⁰Pero ahora son muchos los miembros, pero el cuerpo es uno solo. ²¹Ni el ojo puede decir a la mano: No te necesito, ni tampoco la cabeza a los pies: No tengo necesidad de vosotros. ²²Antes bien **los miembros del cuerpo que parecen más débiles, son los más necesarios;** ²³**y a aquellos del cuerpo que nos parecen menos dignos, a éstos vestimos más dignamente; y los que en nosotros son menos decorosos, se tratan con más decoro.** ²⁴Porque los que en nosotros son más decorosos, no tienen necesidad; pero Dios ordenó el cuerpo, dando más abundante honor al que le faltaba, ²⁵**para que no haya desavenencia en el cuerpo, sino que los miembros todos se preocupen los unos por los otros.** ²⁶De manera que si un miembro padece, todos los miembros se duelen con él, y si un miembro recibe honra, todos los miembros con él se gozan. ²⁷Vosotros, pues, sois el cuerpo de Cristo, y miembros cada uno en particular. ²⁸Y a unos puso Dios en la iglesia, primeramente apóstoles, luego profetas, lo tercero maestros, luego los que hacen milagros, después los que sanan, los que ayudan, los que administra, los que tienen don de lenguas. [29] ¿Son todos apóstoles? ¿son todos profetas? ¿todos maestros? ¿hacen todos milagros? [30] ¿Tienen todos dones de sanidad? ¿hablan todos lenguas? ¿interpretan todos?

¿Cuál es el fundamento para edificar?

1 Corintios 3

[10]Conforme a la gracia de Dios que me ha sido dada, **yo como perito arquitecto puse el fundamento,** y otro edifica encima; pero cada uno mire cómo sobreedifica. [11]Porque **nadie puede poner otro fundamento que el que está puesto, el cual es Jesucristo.**

Un fundamento, o cimiento; es la base sobre la cual se construye un edificio, y es el principal soporte de una estructura que es construida. Note que es principalmente de ese cimiento; que la estructura de un edificio adquiere su solidez y templanza. De los cimientos depende la estabilidad, y descanso de todo el edificio.

La intención de señalar a **Cristo como fundamento**; tiene propósitos distintos. Como el de demostrar que **su persona es el fundamento** único, digno de toda nuestra devoción. Ya que para el cristiano genuino, Jesús contiene corporalmente la Deidad, y la Sustancia Divina; por lo cual, Él es Dios (Juan 5:186 14:9-10; Filipenses 2:6; Hebreos 1:3; Colosenses 2:9). Otra cosa a demostrar, es que Jesús es conocido como: el Verbo de Dios (Juan 1:1-4; 1 Juan 1:1; Apocalipsis 19:13); lo que hace que la palabra de Dios, se conciba como fundamento y esencia de su Ser.

Mateo 7

²⁴ Cualquiera, pues, que me oye estas palabras, y las hace, le compararé a un hombre prudente, que edificó su casa sobre la roca. ²⁵ Descendió lluvia, y vinieron ríos, y soplaron vientos, y golpearon contra aquella casa; y no **cayó, porque estaba fundada sobre la roca.** ²⁶ Pero cualquiera que me oye estas palabras y no las hace, le compararé a un hombre insensato, que edificó su casa sobre la arena; ²⁷ y descendió lluvia, y vinieron ríos, y soplaron vientos, y dieron con ímpetu contra aquella casa; y cayó, y fue grande su ruina.

La Palabra como fundamento

Para cualquier edificio los cimientos son críticos; deben ser lo suficientemente profundos y sólidos para soportar el peso del edificio, y otras presiones. A veces vemos, que las casas se quiebran, y son arrancadas de la tierra; ante los fuertes vientos, la tempestad, y los terremotos. En ocasiones sólo los cimientos sólidos sobreviven a la furia incontrolable de los eventuales desastres. Pero eso cimientos pueden usarse para la reconstrucción. Las vidas son como los edificios, y la calidad de sus cimientos; determinará la seguridad de lo que en ellos se edifique. Con demasiada frecuencia se usan materiales de calidad inferior para edificar, y cuando vienen las pruebas, las vidas se desmoronan y quedan solamente los buenos cimientos.

Las solidas palabras de la escritura sacra, son determinantes para el cristiano; que pasando por momentos trágicos, desilusiones y fracasos; a veces solo les queda el cimiento de su fe en Dios; para volver a reconstruir sus vidas. La ministracion de la doctrina, fiel y coherente; con la palabra de Dios; dará al cristiano: solidez a su fe, firmeza a sus valores, hermetismo y templanza a sus conceptos y convicciones. Y no se moverá su fundamento; a pesar de que se emplee contra él, todo viento de doctrina astuta, y engañosa; o estratagema de hombres, que traten de persuadirle (Efesios 4:14). El cimiento y la madures del cristiano, harán que no fluctué. Al estar fundamentado en Cristo será como árbol plantado junto a las aguas, que da su fruto a su tiempo (Salmo 1:3)

Efesios 2

¹⁹ Así que ya no sois extranjeros ni advenedizos, sino conciudadanos de los santos, y miembros de la familia de Dios, ²⁰ **edificados sobre el fundamento de los apóstoles y profetas, siendo la principal piedra del ángulo Jesucristo mismo,** ²¹ **en quien todo el edificio, bien coordinado, va creciendo para ser un templo santo en el Señor;** ²² **en quien vosotros también sois juntamente edificados para morada de Dios en el Espíritu.**

Y esto hace, que todo lo que se documenta tocante a Jesús en la biblia; se tornen en el fundamento doctrinal en el cual descansa la vida, y convicciones del cristiano (1 Timoteo 4:16; 2 Juan 1:9-11).

Mateo 16

¹⁵ El les dijo: Y vosotros, ¿quién decís que soy yo? ¹⁶ Respondiendo Simón Pedro, dijo: Tú eres el Cristo, el Hijo del Dios viviente. ¹⁷ Entonces le respondió Jesús: Bienaventurado eres, Simón, hijo de Jonás, porque no te lo reveló carne ni sangre, sino mi Padre que está en los cielos. ¹⁸ Y yo también te digo, que tú eres Pedro, y **sobre esta roca edificaré mi iglesia;** y las puertas del Hades no prevalecerán contra ella. ¹⁹ Y a ti te daré las llaves del reino de los cielos; y todo lo que atares en la tierra

será atado en los cielos; y todo lo que desatares en la tierra será desatado en los cielos.

Juan 14

²³ Respondió Jesús y le dijo: **El que me ama, mi palabra guardará; y mi Padre le amará, y vendremos a él, y haremos morada con él.** ²⁴ **El que no me ama, no guarda mis palabras; y la palabra que habéis oído no es mía, sino del Padre que me envió.** ²⁵ Os he dicho estas cosas estando con vosotros. ²⁶ Mas el Consolador, el Espíritu Santo, a quien el Padre enviará en mi nombre, él os enseñará todas las cosas, y os recordará todo lo que yo os he dicho.

Juan 8

³¹ Dijo entonces Jesús a los judíos que habían creído en él: **Si vosotros permaneciereis en mi palabra, seréis verdaderamente mis discípulos;** ³² y conoceréis la verdad, y la verdad os hará libres.

Gálatas 1

⁸ Mas **si aun nosotros, o un ángel del cielo, os anunciare otro evangelio diferente del que os hemos anunciado, sea anatema.** ⁹ Como antes hemos dicho, también ahora lo repito: Si alguno os predica diferente evangelio del que habéis recibido, sea anatema.

Por último podemos decir, que en este pasaje; el apóstol Pablo señala a Jesús, o el Salvador (como se traduce su nombre); como **el único fundamento Salvífico,** y excluye de dicha función, a todo prospecto que se postule como cimiento de la fe del cristiano. Ya que Él, es el Salvador, el Redentor, el Unigénito del Padre, el Camino, la Verdad, y la Vida; etc., etc., Así que **Jesús nuestro Salvador; es el fundamento** más seguro, digno, sabio, y poderoso; para depositar con toda confianza; nuestra vida y esperanza.

Note: que en el antiguo Israel, el método para iniciar la construcción de una casa; se basaba en poner una roca apropiada, en un ángulo de la estructura. Y esa piedra, era la base principal de ese cimiento. De ahí que Jesús; al confrontar a los religiosos de su tiempo; les haya señalado la siguiente metáfora. En la que obviamente, Él se presenta; como el cimiento de toda la estructura de culto a Dios (Romanos 12:1).

Mateo 21

⁴² Jesús les dijo: ¿Nunca leísteis en las Escrituras:
**La piedra que desecharon los edificadores,
Ha venido a ser cabeza del ángulo.** El Señor
ha hecho esto, Y es cosa maravillosa a nuestros
ojos? ⁴³ Por tanto os digo, que el reino de Dios
será quitado de vosotros, y será dado a gente
que produzca los frutos de él. ⁴⁴ **Y el que
cayere sobre esta piedra será quebrantado;
y sobre quien ella cayere, le desmenuzará.**

1 Pedro 2

⁷ Para vosotros, pues, los que creéis, él es precioso; pero **para los que no creen, La piedra que los edificadores desecharon, Ha venido a ser la cabeza del ángulo;**

1 Corintios 10

⁴ y todos bebieron la misma bebida espiritual; porque bebían de la roca espiritual que los seguía, y **la roca era Cristo**.

¿Qué estamos edificando?

1 Corintios 3

⁹Porque nosotros somos colaboradores de Dios,
y **vosotros sois** labranza de Dios, **edificio
de Dios**. ¹⁰Conforme a la gracia de Dios que
me ha sido dada, yo como perito arquitecto
puse el fundamento, y otro edifica encima;
pero cada uno mire cómo sobreedifica.

Ahora bien el texto nos lleva a enfatizar el hecho de notar,
que **estamos edificando; para la gloria de Dios, nuestra
vida y la de aquellos que nos rodean**. Y se nos dice, que
cada uno debe cuidar la forma de cómo edifica. Como hemos
dicho, el texto a veces es interpretado, o enfocado; como una
dedicatoria, solo para los que ejercen el ministerio. Pero
también hemos entendido, que el pasaje se aplicaría a la
generalidad de los cristianos. Porque **todos sin excepción
en la iglesia, ministros y discípulos; estamos trabajando
en la construcción de nuestra vida en Cristo.** Y a nosotros
se nos llama **"edificio de Dios"** en este capítulo y en otros
pasajes **se nos llama templo de Dios.** Así que es nuestra
vida la que estamos construyendo.

1 Corintios 3

¹⁶**¿No sabéis que sois templo de Dios**, y
que el Espíritu de Dios mora en vosotros?
¹⁷Si alguno destruyere el templo de Dios,

Dios le destruirá a él; porque **el templo de Dios, el cual sois vosotros, santo es.**

1 Pedro 2

[5] vosotros también, como piedras vivas, **sed edificados como casa espiritual y sacerdocio santo,** para ofrecer sacrificios espirituales aceptables a Dios por medio de Jesucristo.

2 Corintios 5

[1] Porque sabemos que si **nuestra morada terrestre, este tabernáculo, se deshiciere, tenemos de Dios un edificio,** una casa no hecha de manos, eterna, en los cielos.

¿Cuál es el valor de esas obras?

1 Corintios 3
¹²Y si sobre este fundamento **alguno
edificare oro, plata, piedras preciosas,
madera, heno, hojarasca,**

Vea como el texto nos informa, que hay diversos materiales; para la edificación de la obra; que deseamos construir para el Señor. Y se nos advierte que *"cada uno debe cuidar la forma de cómo edifica"* (1 Corintios 3:10). Son seis los materiales que se mencionan, y enseguida captan nuestra atención; porque **van desde lo más valioso y duradero (oro, plata, piedras preciosas); hasta lo más efímero y pasajero (madera, heno, hojarasca). Estos materiales representan el valor de las obras; y evocan el sentido de la calidad, e intención; con que los creyentes edificaron para Dios.**

Es curioso, pero cuando un creyente sirve en la iglesia; no solo edifica a la congregación; también se edifica así mismo. Y cuando aplica los consejos y principios del evangelio a su vida; el está igualmente edificando el cristianismo en su propia persona. La buena voluntad, el amor a la obra, el buen testimonio, la iniciativa de servicio eficaz y gozoso, la devoción y comunión genuina con Dios. Y prácticas como estas; son enormemente valiosas para Dios; y no hay ninguna objeción en asociarlas, con la obra que utiliza materiales; de Oro, Plata, y Piedras Preciosas.

Mientras que los materiales efímeros y pasajeros; como la madera, el heno, o la hojarasca; estarían refiriéndonos a una clase de vida cristiana; que es edificada de una manera irresponsable, egoísta, y vanagloriosa. Que en efecto, no tienen ningún valor para Dios. Por tal motivo Pablo amonesto a los cristianos a que dejaran los celos y las disensiones (1 Corintios 3:3), el orgullo (1 Corintios 4:18); los pleitos (1 Corintios 6:1), las fornicaciones (1 Corintios 5:1-2); y las borracheras (1 Corintios 11:21); y en general a cuidar la sana doctrina (1 Timoteo 4:16).

¿Cómo serán probadas las obras?

1 Corintios 3
[13]la obra de cada uno se hará manifiesta;
porque el día la declarará, pues **por el
fuego será revelada; y la obra de cada
uno cuál sea, el fuego la probará.**

Este tipo de indicación, nos hace saber el método; que Dios aplicara, para evaluar la calidad de esas obras. Y la mención del fuego; no necesariamente tendría que ser un fuego físico; propio de nuestra materia. Más bien con este señalamiento, se nos está informando; que lo Dios implementara; para probar las obras intangibles que el cristiano le presente; será tan efectivo como el fuego; cuando es pasado por los materiales físicos mencionados en el pasaje.

Vea la descripción que se utiliza en el texto, para describir a las distintas clases de obras; con las que se edifico la vida del creyente: oro, plata, piedras preciosas, madera, heno, hojarasca. ¡Y lógico que esta es una forma figurada; de conceptuar el valor y consistencia; de dichas obras! O más bien dicho; la calidad del cristianismo, que el creyente ejerció en su propia vida; así como su sincera entrega y servicio a la obra de Dios.

En cuanto a la mención del fuego en las Sagradas Escrituras, es común que se le encuentre en distintas analogías; y en ellas se le suele asimilar con diversos tipos de caracteres, o propósitos. Entre ellos se le ve como: un elemento de castigo

(Mateo 25:41; Lucas 16:23-24; Apocalipsis 20:11-15), como un elemento purificador (Isaías 6:5-7; Jeremías 20:9; 23:29; Malaquías 3:2), como un sinónimo de juicio, o de prueba (Isaías 10:16; 43:2; 1 Pedro 4:12-19). Pero también como un método de exanimación minuciosa, para dar un dictamen de aprobación, o desaprobación (Zacarías 13:9; Proverbios 17:3; 1 Corintios 3:13). Por eso podemos especular, que la mención del fuego como medio para probar las obras de los creyentes; sería una forma, o método figurado que Dios aplicaría para tal propósito.

El Fuego como Carácter de Dios

Pero vea la relación que hace la escritura acerca del fuego; con la misma naturaleza, o carácter de Dios. Por ejemplo veamos que **Dios es mencionado en la escritura; como fuego consumidor** (Deuteronomio 4:24; Hebreos 12:29). **Su Trono como una llama de fuego** (Daniel 7:9). **El Espíritu Santo también es relacionado con ese fuego sacro** (Lucas 3:16; Hechos 2:1-4; 1 Tesalonicenses 5:19; 2 Timoteo 1:6; Apocalipsis 4:5). **Y notemos como los ojos de Jesús son descritos como llama de Fuego** (Apocalipsis 1:14; 19:12). Recordemos que Dios es Omnisciente; y que Jesús, es el que estará sentado en La Silla Bema; para evaluar las obras de cada cristiano. Y de Jesús se nos dice; que El *"no tiene necesidad de que nadie le diese testimonio del hombre, pues él sabía lo que había en el hombre"* (Juan 2:25).

Debemos de estar convencidos, de que el ardiente método que Dios implemente, para procesar el evaluó de las obras que se le presenten; sin duda será sumamente efectivo. De la misma manera, que el fuego es sumamente efectivo para probar, dichos materiales; como el oro, la plata, las piedras preciosas, la madera, el heno, y la hojarasca. En nuestras especulaciones imperfectas, podríamos sugerir la posibilidad de que: la referencia del fuego como método para probar las obras del creyente; bien podría ser el fuego ardiente de la presencia del Padre, o los ojos de llama de fuego de Jesús. O posiblemente se refiera al ardiente

Espíritu Santo, que todo lo escudriña aun lo profundo de Dios (1 Corintios 2:10-11). Pero lo que no debemos ignorar, es que la efectividad del método (por fuego), para probar dichos materiales; de ninguna manera, es con la finalidad de convencer a Cristo; del valor de esas obras. Más bien el propósito sería, el de revelar; el real valor de esas obras, a los mismos cristianos. Ya que a los creyentes como humanos, se nos puede engañar y deslumbrar fácilmente con las apariencia que nos muestren. Pero nunca piense que la apariencia de alguna obra, oculte ante los ojos de Dios su real valor (Gálatas 6:7).

Hebreos 12
²⁹ porque **nuestro Dios es fuego consumidor.**

Isaías 33
¹⁰ Ahora me levantaré, dice Jehová; ahora
seré exaltado, ahora seré engrandecido. ¹¹
**Concebisteis hojarascas, rastrojo daréis a luz;
el soplo de vuestro fuego os consumirá. ¹²Y
los pueblos serán como cal quemada; como
espinos cortados serán quemados con fuego.**
¹³ Oíd, los que estáis lejos, lo que he hecho;
y vosotros los que estáis cerca, conoced mi
poder. ¹⁴ Los pecadores se asombraron en Sion,
**espanto sobrecogió a los hipócritas. ¿Quién
de nosotros morará con el fuego consumidor?
¿Quién de nosotros habitará con las llamas
eternas? ¹⁵ El que camina en justicia y habla lo
recto**; el que aborrece la ganancia de violencias,

el que sacude sus manos para no recibir cohecho,
el que tapa sus oídos para no oír propuestas
sanguinarias; el que cierra sus ojos para no
ver cosa mala; [16] éste habitará en las alturas;
fortaleza de rocas será su lugar de refugio; se
le dará su pan, y sus aguas serán seguras.

Gálatas 6

[3] Porque el que se cree ser algo, no siendo nada,
a sí mismo se engaña. **[4] Así que, cada uno
someta a prueba su propia obra, y entonces
tendrá motivo de gloriarse sólo respecto de
sí mismo, y no en otro; [5] porque cada uno
llevará su propia carga.** [6] El que es enseñado
en la palabra, haga partícipe de toda cosa buena
al que lo instruye. [7] **No os engañéis; Dios
no puede ser burlado: pues todo lo que el
hombre sembrare, eso también segará.** [8]
Porque el que siembra para su carne, de la carne
segará corrupción; mas el que siembra para el
Espíritu, del Espíritu segará vida eterna. [9] No
nos cansemos, pues, de hacer bien; porque a
su tiempo segaremos, si no desmayamos.

Daniel 7

[9] Estuve mirando hasta que fueron puestos
tronos, y se sentó un Anciano de días, cuyo
vestido era blanco como la nieve, y el pelo de
su cabeza como lana limpia; **su trono llama de
fuego, y las ruedas del mismo, fuego ardiente.**

Apocalipsis 1

¹⁴ Su cabeza y sus cabellos eran blancos como blanca lana, como nieve; **sus ojos como llama de fuego;**

Apocalipsis 19

¹² **Sus ojos eran como llama de fuego,** y había en su cabeza muchas diademas; y tenía un nombre escrito que ninguno conocía sino él mismo.

Romanos 2

¹⁶ en el día en que **Dios juzgará por Jesucristo los secretos de los hombres, conforme a mi evangelio.**

Mateo 3

¹¹ Yo a la verdad os bautizo en agua para arrepentimiento; pero el que viene tras mí, cuyo calzado yo no soy digno de llevar, es más poderoso que yo; **él os bautizará en Espíritu Santo y fuego.** ¹² Su aventador está en su mano, y limpiará su era; y recogerá su trigo en el granero, y **quemará la paja en fuego que nunca se apagará.**

Jeremías 23

²⁹ ¿No es **mi palabra como fuego**, dice Jehová, y como martillo que quebranta la piedra?

Hechos 2
³y se les aparecieron lenguas repartidas, como de fuego, asentándose sobre cada uno de ellos. ⁴Y fueron todos llenos del Espíritu Santo, y comenzaron a hablar en otras lenguas, según el Espíritu les daba que hablasen.

2 Timoteo 1
⁶Por lo cual te aconsejo que avives **el fuego del don de Dios** que está en ti por la imposición de mis manos.

Las obras ligadas a la naturaleza de las personas

Apocalipsis 14
¹³ Oí una voz que desde el cielo me decía:
Escribe: Bienaventurados de aquí en adelante
los muertos que mueren en el Señor. Sí, dice
el Espíritu, descansarán de sus trabajos,
porque sus obras con ellos siguen.

La bienaventuranza que encontramos en este texto, obviamente está dirigida hacia las personas; que habiendo creído en el Señor, se aferraron a Él, hasta la muerte; esto en la época de la gran tribulación. Pero si notamos, al final de este pasaje se nos hace un señalamiento; en el cual se nos indica, que las obras realizadas de los creyentes; ya sean buenas, o malas, trascienden esta vida; y están implícita, e intrínsecamente ligadas a la naturaleza espiritual de las personas (Romanos 2:15). Y permítanos sugerir, que lo que parece ser la antítesis de este versículo; lo podemos encontrar en el libro de Jeremías 13:23, donde se menciona que así como el *etíope no puede mudar su piel, ni el leopardo sus manchas; así también no puede hacer bien; el que está habituado, a hacer mal.* Otro verso que lleva aplicaciones similares, es el que encontramos en Jeremías 2:22, ahí dice: ***"Aunque te laves con lejía, y amontones jabón sobre ti, la mancha de tu pecado permanecerá aún delante de mí, dijo Jehová el Señor."***

Estos pasajes citados deberían de ser suficientes, para hacernos entender; que el carácter pecaminoso, así como el carácter de justicia; que pueda distinguir a un individuo de otro; está ligado a la naturaleza intangible de cada individuo; la cual está expuesta ante los ojos Omniscientes de Dios (Mateo 23:25-28; Romanos 8:27; Apocalipsis 2:23). Acorde a esto el autor del libro a los Hebreos escribió *"Y no hay cosa creada que no sea manifiesta en su presencia; antes bien todas las cosas están desnudas y abiertas a los ojos de aquel a quien tenemos que dar cuenta"* (Hebreos 4:13). Y a Samuel se le dijo *",,, pues el hombre mira lo que está delante de sus ojos, pero Jehová mira el corazón"* (1 Samuel 16:7).

El Registros de las Obras

Pero por si eso fuera poco, las Sagradas Escrituras nos informan; que Dios registra, o documenta en libros cada acto que los humanos realizamos en esta vida.

Daniel 7

⁹ Estuve mirando hasta que fueron puestos tronos, y se sentó un Anciano de días, cuyo vestido era blanco como la nieve, y el pelo de su cabeza como lana limpia; su trono llama de fuego, y las ruedas del mismo, fuego ardiente. ¹⁰ Un río de fuego procedía y salía de delante de él; millares de millares le servían, y millones de millones asistían delante de él; el Juez se sentó, y **los libros fueron abiertos.**

Apocalipsis 20

¹² Y vi a los muertos, grandes y pequeños, de pie ante Dios; y **los libros fueron abiertos**, y otro libro fue abierto, el cual es el libro de la vida; y fueron juzgados los muertos por las cosas que estaban escritas en los libros, según sus obras. ¹³ Y el mar entregó los muertos que había en él; y la muerte y el Hades entregaron los muertos que había en ellos; **y fueron juzgados cada uno según sus obras.**

Con semejantes señalamientos, Dios exhorta a todos los seres humanos; para que entiendan que mientras están en vida;

sus acciones con sus intenciones no pasan desapercibidos de su presencia. De esta manera encontramos en la biblia que, Dios Juzgara conforme a la conciencia; cada acto y secreto de los hombres (Romanos 2:15-16; 1 Corintios 4:5). Juzgara conforme a la intención del corazón (Malaquías 3:16-17; Mateo 5:27-28); así como cada palabra que sale de la boca (Mateo 5:21-22; 12:31-36; Efesios 4:29; Santiago 3:2-12). Y en síntesis condenara todo aquello que no proviene de fe.

Romanos 14

²² ¿Tienes tú fe? Tenla para contigo delante de Dios. Bienaventurado el que no se condena a sí mismo en lo que aprueba.
²³Pero el que duda sobre lo que come, es condenado, porque no lo hace con fe; y **todo lo que no proviene de fe, es pecado.**

Registros en la Omnisciencia de Dios

Entre los atributos de Dios encontramos que **Dios es Omnisciente; por lo tanto su conocimiento es total, y su memoria infinita**. Por lo cual, podemos decir que Dios tiene registrados en su mente los más mínimos detalles de nuestra vida (Apocalipsis 2:13; 3:1). Él sabe todo lo que ocurrió en el pasado, lo que ocurre ahora, y lo que ocurrirá en el futuro (Isaías 46:9-10). Él nos conoce desde antes de nacer (Salmo 139: 13-16; Jeremías 1:5; Romanos 8:29-30; Efesios 1:11); conoce nuestro corazón y carácter (1 Reyes 8:39; Apocalipsis 3:15); nuestros pensamientos (Jeremías 20:12; Mateo 9:4; 12:25): y nuestras palabras aún antes de que hablemos (Salmo 139:4). Así que la mente de Dios, viene a ser el mejor banco de datos que existe.

Marcos 4
²² Porque **no hay nada oculto que no haya de ser manifestado;** ni escondido, que no haya de salir a luz.

Jeremías 16
¹⁷ Porque mis ojos están sobre todos sus caminos, los cuales no se me ocultaron, **ni su maldad se esconde de la presencia de mis ojos.**

Romanos 2

¹⁵ mostrando la obra de la ley escrita
en sus corazones, dando testimonio su
conciencia, y acusándoles o defendiéndoles
sus razonamientos, ¹⁶ en el día en que **Dios
juzgará por Jesucristo los secretos de
los hombres**, conforme a mi evangelio.

Apocalipsis 2

² **Yo conozco tus obras**, y tu arduo trabajo y
paciencia; y que no puedes soportar a los malos,
y has probado a los que se dicen ser apóstoles,
y no lo son, y los has hallado mentirosos;

Apocalipsis 2

⁹ **Yo conozco tus obras**, y tu tribulación,
y tu pobreza (pero tú eres rico), y la
blasfemia de los que se dicen ser judíos,
y no lo son, sino sinagoga de Satanás.

Dios sondeara la calidad y la intención con la cual cada cristiano obro

Ahora que sabemos que Dios juzgara con efectividad toda obra que presentemos delante de Él; veamos varios textos, en los que se implica; que Dios sondeara, el motivo, o la intención con la cual cada cristiano obro; al desarrollar la tarea y obra que Dios le haya encomendado.

1 Pedro 4

[10] Cada uno según el don que ha recibido, minístrelo a los otros, como buenos **administradores de la multiforme gracia de Dios. [11] Si alguno habla, hable conforme a las palabras de Dios; si alguno ministra, ministre conforme al poder que Dios da, para que en todo sea Dios glorificado por Jesucristo**, a quien pertenecen la gloria y el imperio por los siglos de los siglos. Amén.

Lucas 10

[17] Volvieron los setenta con gozo, diciendo: Señor, **aun los demonios se nos sujetan en tu nombre.** [18] Y les dijo: Yo veía a Satanás caer del cielo como un rayo. [19] He aquí os doy potestad de hollar serpientes y escorpiones, y sobre toda fuerza del enemigo, y nada os dañará. [20]

**Pero no os regocijéis de que los espíritus se
os sujetan, sino regocijaos de que vuestros
nombres están escritos en los cielos.**

1 Corintios 4

[5]Así que, no juzguéis nada antes de tiempo, hasta
que venga el Señor, el cual aclarará también
lo oculto de las tinieblas, **y manifestará las
intenciones de los corazones; y entonces
cada uno recibirá su alabanza de Dios.**

Colosenses 3

[22]**Siervos, obedeced en todo a vuestros amos**
terrenales, **no sirviendo al ojo, como los que
quieren agradar a los hombres, sino con
corazón sincero, temiendo a Dios.** [23]**Y todo lo
que hagáis, hacedlo de corazón, como para
el Señor y no para los hombres;** [24]**sabiendo
que del Señor recibiréis la recompensa de la
herencia, porque a Cristo el Señor servís.**

1 Corintios 13

[1] Si yo hablase lenguas humanas y angélicas,
y no tengo amor, vengo a ser como metal que
resuena, o címbalo que retiñe. [2]Y si tuviese
profecía, y entendiese todos los misterios y toda
ciencia, y si tuviese toda la fe, de tal manera que
trasladase los montes, **y no tengo amor, nada
soy.** [3]Y si repartiese todos mis bienes para dar
de comer a los pobres, y si entregase mi cuerpo

para ser quemado, **y no tengo amor, de nada me sirve.** [4]El amor es sufrido, es benigno; el amor no tiene envidia, el amor no es jactancioso, no se envanece; [5]no hace nada indebido, no busca lo suyo, no se irrita, no guarda rencor; [6]no se goza de la injusticia, mas se goza de la verdad. [7]Todo lo sufre, todo lo cree, todo lo espera, todo lo soporta. [8]El amor nunca deja de ser; pero las profecías se acabarán, y cesarán las lenguas, y la ciencia acabará. [9]**Porque en parte conocemos, y en parte profetizamos;** [10]**mas cuando venga lo perfecto, entonces lo que es en parte se acabará.**

1Corintios 9

[16]Pues si anuncio el evangelio, no tengo por qué gloriarme; porque me es impuesta necesidad; y ¡ay de mí si no anunciare el evangelio! [17]**Por lo cual, si lo hago de buena voluntad, recompensa tendré; pero si de mala voluntad, la comisión me ha sido encomendada.** [18]**¿Cuál, pues, es mi galardón?** Que predicando el evangelio, **presente gratuitamente el evangelio de Cristo**, para no abusar de mi derecho en el evangelio.

Mateo 10

[40]**El que a vosotros recibe, a mí me recibe; y el que me recibe a mí, recibe al que me envió.** [41]El que recibe a un profeta por cuanto es

profeta, recompensa de profeta recibirá; y el que recibe a un justo por cuanto es justo, recompensa de justo recibirá. **⁴²Y cualquiera que dé a uno de estos pequeñitos un vaso de agua fría solamente, por cuanto es discípulo, de cierto os digo que no perderá su recompensa.**

Juan 5
⁴⁴¿Cómo podéis vosotros creer, pues **recibís gloria los unos de los otros, y no buscáis la gloria que viene del Dios único?**

Lucas 12
²Porque nada hay encubierto, que no haya de descubrirse; ni oculto, que no haya de saberse. ³Por tanto, todo lo que habéis dicho en tinieblas, a la luz se oirá; y lo que habéis hablado al oído en los aposentos, se proclamará en las azoteas

Filipenses 1
¹⁵Algunos, a la verdad, predican a Cristo por envidia y contienda; pero otros de buena voluntad. ¹⁶Los unos anuncian a Cristo por contención, no sinceramente, pensando añadir aflicción a mis prisiones; ¹⁷pero los otros por amor, sabiendo que estoy puesto para la defensa del evangelio.

Gálatas 6

³Porque el que se cree ser algo, no siendo nada, a sí mismo se engaña. **⁴Así que, cada uno someta a prueba su propia obra, y entonces tendrá motivo de gloriarse sólo respecto de sí mismo, y no en otro; ⁵porque cada uno llevará su propia carga.**

Mateo 25

³¹Cuando el Hijo del Hombre venga en su gloria, y todos los santos ángeles con él, entonces se sentará en su trono de gloria, ³²y serán reunidas delante de él todas las naciones; y apartará los unos de los otros, como aparta el pastor las ovejas de los cabritos. ³³Y pondrá las ovejas a su derecha, y los cabritos a su izquierda. ³⁴Entonces el Rey dirá a los de su derecha: **Venid, benditos de mi Padre, heredad el reino preparado para vosotros desde la fundación del mundo. ³⁵Porque tuve hambre, y me disteis de comer; tuve sed, y me disteis de beber; fui forastero, y me recogisteis; ³⁶estuve desnudo, y me cubristeis; enfermo, y me visitasteis; en la cárcel, y vinisteis a mí. ³⁷Entonces los justos le responderán diciendo: Señor, ¿cuándo te vimos hambriento, y te sustentamos, o sediento, y te dimos de beber? ³⁸¿Y cuándo te vimos forastero, y te recogimos, o desnudo, y te cubrimos? ³⁹¿O cuándo te vimos enfermo, o en la cárcel, y vinimos a ti? ⁴⁰Y respondiendo**

el Rey, les dirá: De cierto os digo que en cuanto lo hicisteis a uno de estos mis hermanos más pequeños, a mí lo hicisteis.

Mateo 6

¹ **Guardaos de hacer vuestra justicia delante de los hombres, para ser vistos de ellos**; de otra manera no tendréis recompensa de vuestro Padre que está en los cielos. ² **Cuando, pues, des limosna, no hagas tocar trompeta delante de ti, como hacen los hipócritas en las sinagogas y en las calles, para ser alabados por los hombres; de cierto os digo que ya tienen su recompensa.** ³ **Mas cuando tú des limosna, no sepa tu izquierda lo que hace tu derecha,** ⁴ **para que sea tu limosna en secreto; y tu Padre que ve en lo secreto te recompensará en público.** ⁵ **Y cuando ores, no seas como los hipócritas**; porque ellos aman el orar en pie en las sinagogas y en las esquinas de las calles, para ser vistos de los hombres; de cierto os digo que ya tienen su recompensa. ⁶ Mas tú, cuando ores, entra en tu aposento, y cerrada la puerta, ora a tu Padre que está en secreto; y tu Padre que ve en lo secreto te recompensará en público. ⁷ **Y orando, no uséis vanas repeticiones, como los gentiles, que piensan que por su palabrería serán oídos.** ⁸ No os hagáis, pues, semejantes a ellos; porque vuestro Padre sabe de qué cosas tenéis necesidad, antes que vosotros le pidáis.

⁹Vosotros, pues, oraréis así: Padre nuestro que estás en los cielos, santificado sea tu nombre. ¹⁰Venga tu reino. Hágase tu voluntad, como en el cielo, así también en la tierra. ¹¹El pan nuestro de cada día, dánoslo hoy. ¹²Y perdónanos nuestras deudas, como también nosotros perdonamos a nuestros deudores. ¹³Y no nos metas en tentación, mas líbranos del mal; porque tuyo es el reino, y el poder, y la gloria, por todos los siglos. Amén. ¹⁴Porque si perdonáis a los hombres sus ofensas, os perdonará también a vosotros vuestro Padre celestial; ¹⁵mas si no perdonáis a los hombres sus ofensas, tampoco vuestro Padre os perdonará vuestras ofensas. **¹⁶Cuando ayunéis, no seáis austeros, como los hipócritas; porque ellos demudan sus rostros para mostrar a los hombres que ayunan; de cierto os digo que ya tienen su recompensa.** ¹⁷Pero tú, cuando ayunes, unge tu cabeza y lava tu rostro, **¹⁸para no mostrar a los hombres que ayunas, sino a tu Padre que está en secreto; y tu Padre que ve en lo secreto te recompensará en público.**

Marcos 12

⁴¹Estando Jesús sentado delante del arca de la ofrenda, miraba cómo el pueblo echaba dinero en el arca; y muchos ricos echaban mucho. ⁴²Y vino una viuda pobre, y echó dos blancas, o sea un cuadrante. ⁴³Entonces llamando a sus

discípulos, les dijo: De cierto os digo que **esta viuda pobre echó más que todos los que han echado en el arca;** ⁴⁴ porque todos han echado de lo que les sobra; pero ésta, de su pobreza echó todo lo que tenía, todo su sustento.

Hechos 5

¹ **Pero cierto hombre llamado Ananías, con Safira su mujer, vendió una heredad,** ² **y sustrajo del precio, sabiéndolo también su mujer; y trayendo sólo una parte, la puso a los pies de los apóstoles.** ³ Y dijo Pedro: Ananías, ¿por qué llenó Satanás tu corazón para que mintieses al Espíritu Santo, y sustrajeses del precio de la heredad? ⁴ Reteniéndola, ¿no se te quedaba a ti? y vendida, ¿no estaba en tu poder? ¿Por qué pusiste esto en tu corazón? No has mentido a los hombres, sino a Dios. ⁵ Al oír Ananías estas palabras, cayó y expiró.

Mateo 5

²¹ Oísteis que fue dicho a los antiguos: No matarás; y cualquiera que matare será culpable de juicio. ²² Pero **yo os digo que cualquiera que se enoje contra su hermano, será culpable de juicio; y cualquiera que diga: Necio, a su hermano, será culpable ante el concilio; y cualquiera que le diga: Fatuo, quedará expuesto al infierno de fuego.** ²³ Por tanto, si traes tu ofrenda al altar, y allí te

acuerdas de que tu hermano tiene algo contra ti, ²⁴ deja allí tu ofrenda delante del altar, y anda, reconcíliate primero con tu hermano, y entonces ven y presenta tu ofrenda. ²⁵ Ponte de acuerdo con tu adversario pronto, entre tanto que estás con él en el camino, no sea que el adversario te entregue al juez, y el juez al alguacil, y seas echado en la cárcel. ²⁶ De cierto te digo que no saldrás de allí, hasta que pagues el último cuadrante. ²⁷ Oísteis que fue dicho: No cometerás adulterio. ²⁸ Pero **yo os digo que cualquiera que mira a una mujer para codiciarla, ya adulteró con ella en su corazón.**

Las Ganancias y las Pérdidas de esas Obras

1 Corintios 3

[14]Si permaneciere la obra de alguno que sobreedificó, recibirá recompensa. **[15]Si la obra de alguno se quemare, él sufrirá pérdida,** si bien él mismo será salvo, aunque así como por fuego.

Debido a que esta, es una época de tremenda confusión; respecto al asunto de la reedificación de la obra de Dios. Los creyentes de las iglesias, están basando su cristianismo en actividades, y no en la transformación de las personas. Y aunque el activismo religioso; no necesariamente debe ser malo; no es netamente un trabajo de transformación. **Hoy día, es común que se traduzca como una manera de edificar para la gloria de Dios: las expresiones de algarabía, los aplausos, los gritos de júbilo; el montaje de escenarios llenos de coloridas luces, y de fervientes mensajes de liberación y prosperidad; y cosas similares a estas.** Pero tristemente en muchos casos, hay un palpable vacio de la promoción a la santidad, y a la transformación; que lleve la intención de parecernos cada día más a Cristo en su carácter.

Ante esta realidad, debemos cuidar la forma de cómo nos desempeñamos en nuestro ministerio, y en nuestra vida delante de Dios. Ya que un día daremos una cuenta estricta, de todos aquellos ministerios, dones, talentos y habilidades que se nos otorgaron. Esto significa que un creyente diligente conquistara gloriosas coronas, será acreedor a distinguidos galardones, y cosechara poderosas virtudes. Mientras el creyente, que no administro sabiamente los ministerios, dones, talentos y habilidades; que se le habían concedido en la tierra *"sufrirá pérdida"* (1Corintios 3:15). Es decir, el tiempo, la energía, la capacidad, y demás cosas con que el contaba, y veía acreditadas a su cuenta se perderán; y esa negligencia tendrá consecuencias eternas de carácter negativo y vergonzoso (Mateo 20:1-16; 20:20-28; Lucas 14:7-14; 1 Corintios 9:16-27; 1 Juan 2:28; Apocalipsis 3:1-3; 3:14-18)

No sabemos exactamente como será sufrir esa perdida, **lo cierto es que nuestra salvación no estará en juego. El pasaje que hemos estado considerando dice:**

1 Corintios 3
15Si la obra de alguno se quemare, él sufrirá pérdida, si bien **él mismo será salvo, aunque así como por fuego.**

Sin embargo, será un momento vergonzoso que debemos evitar. En este respecto podríamos decir que encaja el consejo del apóstol Juan; note: *"Y ahora, hijitos, permaneced en él, para que cuando se manifieste, tengamos confianza, para que en su venida no nos alejemos de él avergonzados"*, (1 Juan 2:28). Será difícil para muchos cargar con esta vergüenza; después de que oigan del mismo Señor Jesús; dictar la reprobación de esas obras. Las cuales presumieron; y por las cuales recibieron, grandes honores, reconocimientos, y aplausos de las congregaciones que presidieron, mientras estuvieron en vida. Qué triste habrá de ser para otros, cuando a pesar de haber acumulado riquezas en esta tierra; se encuentren sin alguna recompensa allá en el reino de los cielos. Esto debe de hacernos reflexionar para actuar con humildad y modestia, y en toda obra, y en todo tiempo glorificar y dar todo el crédito a Dios que nos dio el encargo y las facultades; para hacer un trabajo en su grandioso nombre. **Y solo así tendremos un poco de gloria, agregada a la salvación que ya gozamos.**

Mateo 19

[27] Entonces respondiendo Pedro, le dijo: He aquí, nosotros lo hemos dejado todo, y te hemos seguido; ¿qué, pues, tendremos? [28] Y Jesús les dijo: De cierto os digo que en la regeneración, cuando el Hijo del Hombre se siente en el trono de su gloria, vosotros que me habéis seguido también os sentaréis sobre doce tronos, para juzgar a las doce tribus de Israel. [29] Y cualquiera que haya dejado casas, o hermanos, o hermanas, o padre, o madre, o mujer, o hijos, o tierras, por mi nombre, recibirá cien veces más, y heredará la vida eterna. [30] **Pero muchos primeros serán postreros, y postreros, primeros.**

Habiendo entendido que los galardones que Dios promete, son recompensa que se recibirán en el Tribunal de Cristo; de acuerdo a las obras de cada creyente. Es muy necesario que hagamos un énfasis, en que si el cristiano descuida su

conducta; puede perder todo galardón, corona, o premio; a
que se halla hecho acreedor en el pasado.

2 Juan 8
8Mirad por vosotros mismos, para que
no perdáis el fruto de vuestro trabajo,
sino que recibáis galardón completo.

Apocalipsis 3
11He aquí, yo vengo pronto; **retén lo que**
tienes, para que ninguno tome tu corona.

1 Corintios 9
25Todo aquel que lucha, de todo se abstiene;
ellos, a la verdad, para recibir una corona
corruptible, pero nosotros, una incorruptible.
26Así que, yo de esta manera corro, no como
a la ventura; de esta manera peleo, no como
quien golpea el aire, 27**sino que golpeo**
mi cuerpo, y lo pongo en servidumbre,
no sea que habiendo sido heraldo para
otros, yo mismo venga a ser eliminado.

Jeremías 11
15¿Qué derecho tiene mi amada en mi casa,
habiendo hecho muchas abominaciones?
¿Crees que los sacrificios y las carnes
santificadas de las víctimas pueden evitarte
el castigo? ¿Puedes gloriarte de eso?

Ezequiel 3

[20] Si el justo se apartare de su justicia e hiciere maldad, y pusiere yo tropiezo delante de él, él morirá, porque tú no le amonestaste; en su pecado morirá, **y sus justicias que había hecho no vendrán en memoria;** pero su sangre demandaré de tu mano. [21] Pero si al justo amonestares para que no peque, y no pecare, de cierto vivirá, porque fue amonestado; y tú habrás librado tu alma.

Job 31

[1] Hice pacto con mis ojos; ¿Cómo, pues, había yo de mirar a una virgen? [2] Porque **¿qué galardón me daría de arriba Dios, Y qué heredad el Omnipotente desde las alturas?**

1 Pedro 2

[18] Criados, estad sujetos con todo respeto a vuestros amos; no solamente a los buenos y afables, sino también **a los difíciles de soportar.** [19] **Porque esto merece aprobación**, si alguno a causa de la conciencia delante de Dios, sufre molestias padeciendo injustamente. [20] Pues ¿qué gloria es, si pecando sois abofeteados, y lo soportáis? **Mas si haciendo lo bueno sufrís, y lo soportáis, esto ciertamente es aprobado delante de Dios.**

Acentuemos la
realidad de que
el cristiano no es
Justificado ni salvo
por sus Obras

Pero fue salvado para
hacer buenas obras

Recuerde que las Obras
no Salvan al Cristiano

Efesios 2

[8] Porque **por gracia sois salvos** por medio de la fe; y **esto no de vosotros,** pues es don de Dios; [9] **no por obras, para que nadie se gloríe.**

Este es uno de los versos centrales de las Sagradas Escrituras, en los que se afirma que el cristiano genuino; es salvo por gracia y no por obras. Pero aunque las obras no producen, ni la salvación, ni la fe (es decir, no somos salvos por obras); sin embargo, las obras son el fruto y consecuencia natural de la salvación (Lucas 6:43-45). Las obras son el resultado de la fe presente en el corazón, de aquel que ha llegado a experimentar la implantación en su ser; de la fe salifica (Marcos 9:24; Gálatas 3:23; Filipenses 1:29).

Si alguna persona es salva, lo es por la gracia de Dios, y sólo por su gracia; la razón, voluntad, propósito, y mecanismo de su salvación; no se encuentra en él individuo, sino en Dios. Pues si la salvación fuera por obras, entonces las buenas nuevas predicadas en el evangelio, dejan de ser buenas nuevas (Romanos 11:6); y el camino de la salvación a través de la fe, en Jesucristo es inválido; y esto es el equivalente a negar su obra de esperanza y gracia, realizada en la cruz del calvario.

Así que no somos salvos, como resultado de los artificios religiosos, o las obras morales y altruistas que hagamos, o que deseemos. Pero tengamos en cuenta, que debido a que la fe y la acción moral son indivisibles; la buena voluntad de Dios, y de la obra de Su gracia en el corazón del cristiano; hará que el creyente desee y realice; las obras propias a la nueva naturaleza que ha recibido de parte de Dios (Juan 1:8-13; 3:1-8; Filipenses 2:13; 1 Juan 3:8-10; 5:1-18; 2 Corintios 5:17).

1 Corintios 1
29 a fin de que nadie se jacte en su presencia. 30 Mas por él estáis vosotros en Cristo Jesús, el cual nos ha sido hecho por Dios sabiduría, justificación, santificación y redención; 31 para que, como está escrito: El que se gloría, gloríese en el Señor.

Considere los siguientes versos, en los cuales evidente se afirma la inutilidad de las obras para la salvación personal.

Romanos 11
5 Así también aun en este tiempo **ha quedado un remanente escogido por gracia. 6 Y si por gracia, ya no es por obras**; de otra manera la gracia ya no es gracia. Y si por obras, ya no es gracia; de otra manera la obra ya no es obra.

Gálatas 2
16 sabiendo que **el hombre no es justificado por las obras de la ley, sino por la fe de**

Jesucristo, nosotros también hemos creído en Jesucristo, para ser justificados por la fe de Cristo y no por las obras de la ley, por cuanto **por las obras de la ley nadie será justificado.**

Salmos 49

⁶Los que confían en sus bienes, Y de la muchedumbre de sus riquezas se jactan, ⁷**Ninguno de ellos podrá en manera alguna redimir al hermano, Ni dar a Dios su rescate** ⁸(**Porque la redención de su vida es de gran precio, Y no se logrará jamás**), ⁹Para que viva en adelante para siempre, Y nunca vea corrupción.

Isaías 64

⁶Si bien todos nosotros somos como suciedad, y **todas nuestras justicias como trapo de inmundicia**; y caímos todos nosotros como la hoja, y nuestras maldades nos llevaron como viento.

Ezequiel 7

¹⁹Arrojarán su plata en las calles, y **su oro será desechado; ni su plata ni su oro podrá librarlos en el día del furor de Jehová**; no saciarán su alma, ni llenarán sus entrañas, porque ha sido tropiezo para su maldad.

Creados para hacer buenas obras

Con el Nuevo Pacto Dios no solo se comprometió a perdonar los pecados, y restablecer la comunión con aquellas personas que se vuelven a él; por medio de la obra de Jesucristo en la cruz del calvario (Lucas 22:20; Hebreos 8:6). Bajo este pacto, se nos da la oportunidad de recibir la salvación como un regalo gratuito (Efesios 2:8-9); se nos imputa una nueva naturaleza (Ezequiel 36:26-27; Juan 1:11-13; 3:1-8; 2 Corintios 5:17), y enormes promesas. Pero con todo ese paquete de bendiciones también se nos delegan grandes responsabilidades, y potestades espirituales (Juan 16:13; Hechos 2:1-4). Cada creyente debe de ejercitar su fe en Cristo, esparciendo el mensaje del evangelio (Mateo 28:17-20; 2 Corintios 13:5); creciendo en conocimiento y gracia; ejerciendo sin fluctuar los dones y privilegios, que Dios le ha otorgado (1 Corintios 12:4-30; Filipenses 1:27). **Dios esta orquestando y llevando a cabo su obra redentora, por medio de aquellos que componen su Iglesia**, a la cual le encomendó la Gran Comisión (Mateo 28:17-20).

El cristiano fue creado para la realización de buenas obras; que no solo incluyen el tener un buen comportamiento, hacer obras altruistas, y formar parte de un grupo selecto de gente (La iglesia de Cristo). Estas buenas obras, más bien tienen que ver con los propósitos de Dios; de esparcir las buenas nuevas del evangelio en el mundo. Y para que eso sea factible, el Señor a su tiempo y forma ha entregado a cada creyente ciertos talentos, dones, habilidades, y distintos recursos; para que cada uno de los suyos pueda realizar la tarea encomendada. El Señor espera que el creyente actué con diligencia y responsabilidad; en cuanto aquello que en su gracia le ha otorgado. Puesto que como hemos visto; un día, el real dueño de la obra, de nuestras vidas, y del universo mismo; nos llamara a su presencia para pedirnos cuentas (Lucas 19:11-27; Hebreos 4:13; 13:17).

Efesios 2
¹⁰ Porque somos hechura suya, creados en Cristo Jesús para buenas obras, las cuales Dios preparó de antemano para que anduviésemos en ellas.

Isaías 26
¹² Jehová, tú nos darás paz, porque también **hiciste en nosotros todas nuestras obras.**

Juan 15
⁵ Yo soy la vid, vosotros los pámpanos; **el que permanece en mí, y yo en él, éste lleva mucho fruto; porque separados de mí nada podéis hacer.**

1 Pedro 4
¹⁰ Cada uno según el don que ha recibido, minístrelo a los otros, como buenos **administradores de la multiforme gracia de Dios. ¹¹ Si alguno habla, hable conforme a las palabras de Dios; si alguno ministra, ministre conforme al poder que Dios da,**

para que en todo sea Dios glorificado por Jesucristo, a quien pertenecen la gloria y el imperio por los siglos de los siglos. Amén.

Filipenses 2
[13] porque **Dios es el que en vosotros produce así el querer como el hacer, por su buena voluntad**

1 Corintios 9
[16] Pues si anuncio el evangelio, **no tengo por qué gloriarme; porque me es impuesta necesidad; y !!ay de mí si no anunciare el evangelio!** [17] Por lo cual, si lo hago de buena voluntad, recompensa tendré; pero si de mala voluntad, **la comisión me ha sido encomendada.**

Mateo 25
[14] Porque el reino de los cielos es como un hombre que yéndose lejos, llamó a sus siervos y les entregó sus bienes. [15] **A uno dio cinco talentos, y a otro dos, y a otro uno, a cada uno conforme a su capacidad;** y luego se fue lejos. [16] Y el que había recibido cinco talentos fue y negoció con ellos, y ganó otros cinco talentos. [17] Asimismo el que había recibido dos, ganó también otros dos. [18] Pero el que había recibido uno fue y cavó en la tierra, y escondió el dinero de su señor. [19] Después de mucho tiempo vino el señor de aquellos siervos, y arregló cuentas con ellos.

Las obras que hace el cristiano Deben ser para la gloria de Dios

Una cosa es cierta, todos los dones del Espíritu; otorgados a la Iglesia ¡Son del Espíritu! en El se generan, El es el que llama, El es el que delega, el que pone las circunstancias para obrar. Y hace todo este trabajo, con el objetivo de todo lo implementado; redunde para la Gloria de Dios, y no del hombre. Así que **usted puede meterse en la Gloria de Dios, usted puede gozarse en esa Gloria, experimentar lo sublime de esa Gloria. Pero no se puede quedar con ella; porque esa Gloria le pertenece solo a Él,**

2 Corintios 10
¹⁷Mas el que se gloría, gloríese en el Señor

1 Pedro 5
¹⁰Mas el Dios de toda gracia, que nos llamó a su gloria eterna en Jesucristo, después que hayáis padecido un poco de tiempo, él mismo os perfeccione, afirme, fortalezca y establezca. **¹¹A él sea la gloria y el imperio por los siglos de los siglos. Amén.**

En aquel día cuando lleguemos ante en el Tribunal de Cristo, y se evalúen nuestras obras. Sabremos realmente si lo que hicimos, fue hecho para la gloria de Dios genuinamente; o fue para nuestra gloria, y jactancia.

Proverbios 25

27 Comer mucha miel no es bueno, **Ni el buscar la propia gloria es gloria.**

Juan 7

18 El que habla por su propia cuenta, su propia gloria busca; pero **el que busca la gloria del que le envió, éste es verdadero, y no hay en él injusticia.**

1 Corintios 10

31 Si, pues, coméis o bebéis, o hacéis otra cosa, **hacedlo todo para la gloria de Dios.**

1 Timoteo 6

16 el único que tiene inmortalidad, que habita en luz inaccesible; a quien ninguno de los hombres ha visto ni puede ver, **al cual sea la honra y el imperio sempiterno. Amén.**

Salmos 115

1 **No a nosotros, oh Jehová, no a nosotros, Sino a tu nombre da gloria,** Por tu misericordia, por tu verdad.

Colosenses 3

17 **Y todo lo que hacéis, sea de palabra o de hecho, hacedlo todo en el nombre del Señor Jesús, dando gracias a Dios Padre por medio de él.**

Colosenses 3

²²Siervos, obedeced en todo a vuestros amos terrenales, **no sirviendo al ojo, como los que quieren agradar a los hombres, sino con corazón sincero, temiendo a Dios. ²³Y todo lo que hagáis, hacedlo de corazón, como para el Señor y no para los hombres; ²⁴sabiendo que del Señor recibiréis la recompensa de la herencia, porque a Cristo el Señor servís.**

Jeremías 9

²³Así dijo Jehová: No se alabe el sabio en su sabiduría, ni en su valentía se alabe el valiente, ni el rico se alabe en sus riquezas. ²⁴**Mas alábese en esto el que se hubiere de alabar: en entenderme y conocerme, que yo soy Jehová,** que hago misericordia, juicio y justicia en la tierra; porque estas cosas quiero, dice Jehová.

2 Corintios 10

¹³Pero nosotros **no nos gloriaremos desmedidamente, sino conforme a la regla que Dios nos ha dado por medida,** para llegar también hasta vosotros. ¹⁴Porque no nos hemos extralimitado, como si no llegásemos hasta vosotros, pues fuimos los primeros en llegar hasta vosotros con el evangelio de Cristo. ¹⁵**No nos gloriamos desmedidamente en trabajos ajenos,** sino que esperamos que conforme crezca vuestra fe seremos muy engrandecidos

entre vosotros, conforme a nuestra regla; [16] y que anunciaremos el evangelio en los lugares más allá de vosotros, sin entrar en la obra de otro para gloriarnos en lo que ya estaba preparado. **[17] Mas el que se gloría, gloríese en el Señor; [18] porque no es aprobado el que se alaba a sí mismo, sino aquel a quien Dios alaba.**

Las Coronas a los Pies de Dios

Apocalipsis 4

[10]los veinticuatro ancianos **se postran delante
del que está sentado en el trono, y adoran al
que vive por los siglos de los siglos, y echan
sus coronas delante del trono,** diciendo: [11]
Señor, digno eres de recibir la gloria y la honra
y el poder; porque tú creaste todas las cosas,
y por tu voluntad existen y fueron creadas.

Cuando leemos en Apocalipsis capítulo 4, notamos que
en esa visión celestial; Juan observa a 24 ancianos, que
arrojan sus coronas a los pies del Padre que está sentado
en el trono. Estos ancianos, según algunas opiniones de los
teólogos; serian la representación de los creyentes de todos
los tiempos; tanto del Antiguo como del Nuevo Testamento.
La acción de arrojar estas coronas a los pies del Creador;
para enseguida postrarse, y alabarle. Es un acto, en el que
se estaría figurando; a los creyentes de todos los tiempos
ya perfeccionados y glorificados en el cielo; aventando sus
coronas delante del Padre, en reconocimiento de que la
gloria, solo le pertenece a Él.

Esta no es una actitud aislada, en la cual se renuncie a
privilegios, o cierto tipo de reconocimientos. Jesucristo
también, cuando se le haya entregado todo dominio, y
potestad; cuando todo lo tenga bajo sus pies. Entonces el
mismo se sujetará, aquel que le sujetó todas las cosas.

1 Corintios 15

^{24} Luego el fin, **cuando entregue el reino al Dios y Padre, cuando haya suprimido todo dominio, toda autoridad y potencia.** ^{25} **Porque preciso es que él reine hasta que haya puesto a todos sus enemigos debajo de sus pies.**

^{26} Y el postrer enemigo que será destruido es la muerte. ^{27} Porque todas las cosas las sujetó debajo de sus pies. Y cuando dice que todas las cosas han sido sujetadas a él, claramente se exceptúa aquel que sujetó a él todas las cosas.

^{28} **Pero luego que todas las cosas le estén sujetas, entonces también el Hijo mismo se sujetará al que le sujetó a él todas las cosas, para que Dios sea todo en todos.**

Hablemos de las Coronas y algunos otros galardones o premios prometidos al vencedor

Cristo Vencedor

Antes de profundizar en este tema, veamos a Cristo como vencedor. Ya que cuando el vino a esta tierra, lo hizo en calidad de ser humano; y como tal venció al mundo (Juan 16:33; Filipenses 2:5-8); venció a Satanás ganando la victoria sobre el pecado (Mateo 4:1-11; Romanos 8:3; Colosenses 2:15). Después venció a la muerte (Oseas 13:14; Hechos 2:24; 1 Corintios 15:20); y habiendo resucitando ascendió a las alturas, sentándose a la diestra de su Padre (Marcos 16:19; Hebreos 1:3; 8:1; 12:2). Aquel humilde carpintero que una vez fue humillado, habiendo vencido al eje del imperio del mal; ahora es exaltado hasta lo sumo, como legítimo Soberano del universo (Romanos 14:11; Filipenses 2:9-11; Hebreos 1:1-13). El gobernante que volverá a este mundo y establecerá su dominio como Rey de reyes y Señor de señores (1 Timoteo 6:15; Apocalipsis 17:14; 19:11-16)

La misteriosa unión de Cristo con el cristiano

A través de los escritos del Nuevo Testamento, encontramos una serie de declaraciones en las que se determina; o se estipula la condición privilegiada que la persona ha adquirido, al formar parte de la iglesia de Cristo. Se nos da a entender, que **el cristiano ha quedado inseparablemente adherido; en el pasado, en el presente, y en el futuro;** con aquel que lo compro con su Sangre (Romanos 14:8-9). Su destino, es nuestro destino.

En el pasado: porque en su vida terrena Cristo tuvo una perfecta comunión con su Padre; viviendo una vida de santidad y obedecía que nosotros jamás podríamos vivir (Filipenses 2:5-8; Hebreos 4:15; 7:26). Él murió la muerte que nosotros jamás podríamos morir (Romanos 5:8; 14:9; 1 Corintios 11:24; 2 Corintios 5:15; 1 Tesalonicenses 5:10). La escritura nos dice que estamos unidos con Él en su bautismo (Gálatas 3:26-27); con todas las implicaciones de muerte, sepultura, resurrección y nueva vida que Cristo experimento (Romanos 6:1-11). También se nos dice que en Él, estamos completos; y que cuando Él fue circuncidado, nosotros fuimos circuncidados con Él (Colosenses 2:10-13). Otra asombrosa declaración sacro escritural, nos dice que cuando Él ascendió al cielo; nos hizo sentar en lugares celestiales junto a Él (Efesios 2:5-6).

En nuestro presente: Hoy por hoy, aunque los cristianos estamos en medio de un mundo caído, podemos disfrutar de la comunión y de la presencia de nuestro Señor Jesucristo. Porque habiéndole recibido, el Padre nos adopto como hijos suyos (Juan 1:12-13); implantando en nosotros una nueva naturaleza (Juan 3:1-12; 2 Corintios 5:17; 1 Pedro 1:3), llena de su Santo Espíritu, con sus dones y ministerios (Hechos 2:1-4; Romanos 8:9-13; 1 Corintios 12:1-31). También ha injertado en nosotros una mente nueva (1 Corintios 2:16; Efesios 4:23), cargada de un enorme potencial de sabiduría y revelación (1 Corintios 2:6-15; Efesios 1:17; Santiago 1:5-7; 2 Pedro 3:15); agreguemos a todo esto, que Dios nos ha dado un nuevo corazón (Ezequiel 11:19; 36:26: Romanos 2:29), y ha escrito su Ley en el (2 Corintios 3:1-11; Hebreos 8:10; 10:16). Cristo nos protege vistiéndonos de la armadura de su Espíritu (Efesios 6:10-18); está con nosotros en cada prueba, ayudándonos en toda dificultad (Mateo 11:28-30; 28:20; 1 Corintios 10:13; 1 Pedro 5:7-10). Intercede por nosotros desde la diestra del Padre (Romanos 8:34); y está con nosotros, y en nosotros (Juan 14:23). Todo ese potencial que hemos mencionado, es porque esas son esencias elementales, para poder desarrollar con autoridad y potestad; la labor de esparcir su evangelio a toda criatura (Mateo 10:1-42; Lucas 10:19; Marcos 16:15-18), y así vencer al mundo y al maligno (1 Juan 2:13; 4:4; 3:4). Como podemos ver, en el presente el cristiano es un embajador plenipotenciario de su reino (Mateo 10:1-42; 2 Corintios 5:20; Efesios 6:20); que vive y muere para su Señor y Salvador (Romanos 14:8; 2 Corintios 5:14-15)

En el futuro: La unión pasada y presente que gozamos con Él, redundara en asombrosas implicaciones. Porque aunque de forma limitada ya somos participes del reino de Dios (Lucas 22:29); cuando Cristo regrese a esta tierra, habremos de vivir la experiencia de ser glorificados con Él (Romanos 8:17). Entonces moraremos donde Él esta (Juan 14:2-3); y reinaremos para siempre con Él (Apocalipsis 1:6; 5:10; 20:4-6;). A su lado, en nuestra calidad de futuros jueces; habremos de juzgar a este mundo, y a los ángeles infieles (1 Corintios 6:2-3). De esta manera podemos afirmar; que nuestra esperanza, gozo, y existencia; gira en torno a nuestra unión con Cristo; y como él ha vencido, nosotros también venceremos (Romanos 8:31-39)

Con lo reflexionado en estos comentarios que hemos citado, podemos ver que el cristiano es victorioso; por esa unión que goza con Cristo su Señor. Así que veamos unos textos, donde se nos muestra a Cristo vencedor; como al cristiano venciendo.

Juan 16

[33] Estas cosas os he hablado para que en mí tengáis paz. **En el mundo tendréis aflicción; pero confiad, yo he vencido al mundo.**

Apocalipsis 5

[5] Y uno de los ancianos me dijo: No llores. He aquí que **el León de la tribu de Judá, la raíz de David, ha vencido para abrir el libro y desatar sus siete sellos**

Romanos 12

[21] No seas vencido de lo malo, sino **vence con el bien el mal.**

1 Juan 2

[14] Os he escrito a vosotros, padres, porque habéis conocido al que es desde el principio. Os he escrito a vosotros, jóvenes, porque sois fuertes, y la palabra de Dios permanece en vosotros, y **habéis vencido al maligno.**

1 Juan 4

[4] Hijitos, vosotros sois de Dios, y los **habéis vencido; porque mayor es el que está en vosotros, que el que está en el mundo.**

1 Juan 5

⁴ Porque **todo lo que es nacido de Dios vence al mundo; y esta es la victoria que ha vencido al mundo, nuestra fe.**

Apocalipsis 12

¹¹ **Y ellos le han vencido por medio de la sangre del Cordero** y de la palabra del testimonio de ellos, y menospreciaron sus vidas hasta la muerte.

Romanos 8

³⁷ **Antes, en todas estas cosas somos más que vencedores por medio de aquel que nos amó.** **³⁸** Por lo cual estoy seguro de que ni la muerte, ni la vida, ni ángeles, ni principados, ni potestades, ni lo presente, ni lo por venir, **³⁹** ni lo alto, ni lo profundo, ni ninguna otra cosa creada nos podrá separar del amor de Dios, que es en Cristo Jesús Señor nuestro.

¿Qué son las coronas y demás galardones y premios prometidos al vencedor?

En el capitulo el cual titulamos **"Con la mirada en el galardón";** cometamos ligeramente acerca de cuáles son las recompensas a otorgar al cristiano. Y en el final del capítulo; por la pagina 36; mencionamos que teológicamente se conciben como cinco las Coronas celestiales que se habrán de otorgar a los cristianos en el cielo, y las describimos como: La Corona de la Vida, La Corona de Regocijo, La Corona de Justicia, La Corona Incorruptible, y La Corona de Gloria. También mencionamos que hay más galardones, o premios prometidos a los cristianos fieles; que se esforzaron por hacer la obra de Dios; Tales como: Una piedrecita blanca, con un nombre secreto inscrito en ella (Apocalipsis 2:17); ser columna en el templo de Dios (Apocalipsis 3:12); sentarse en un trono (Apocalipsis 3:21); comer del árbol de la vida (Apocalipsis 2:7); o del Mana escondido (Apocalipsis 2:17); etc. etc., etc.,. Y dijimos que en el último capítulo de este documento, haríamos un análisis a algunos de estos galardones.

Solo como un recordatorio mas; dijimos que la palabra Corona que encontramos en varios versos de la Biblia; viene de la palabra griega *stephanos* (στέφανος). Este ornamento, por lo regular era diseñado con hojas de laurel, y se colocaba en la cabeza de los vencedores; era la insignia del merito de la victoria, y era una representación y simbolismo de honor. Por lo regular estas coronas de laurel, eran entregadas como recompensa: a poetas, a los generales romanos durante las celebraciones del triunfo, a guerreros destacados; y también se colocaba en la cabeza del atleta; como alto distintivo de gloria; por haber ganado una competencia en los juegos olímpicos[2].

La condecoración al atleta, se utilizo por algunos escritores nuevo testamentarios en un sentido figurado; para enfatizar en sus enseñanzas, el propósito de Dios de recompensar a aquellos cristianos; que se esforzaron en la carrera del Evangelio. Así que veamos cual es el trasfondo de estas enigmáticas coronas.

---

1   Qué son las coronas celestiales: https://www.gotquestions.org/Espanol/coronas-celestiales.html

2   Cinco Coronas: https://es.wikipedia.org/wiki/Cinco_Coronas

Las 5 Coronas

El uso común de la corona como distintivo de gloria, autoridad real, y de victoria, es perpetuado en las sagradas escrituras al reconocerse su función como símbolo honorifico; y desde luego como premio prometido para aquel corredor que triunfa en la carrera del evangelio (1 Corintios 9:16-27). Este premio al vencedor no se obtiene por gracia, o por fe; como sucede con la Salvación (Efesios 2.8); sino que es adicional a la obra redentora de Cristo y se obtiene por las obras, o por el esfuerzo particular de cada creyente (Mateo 16:27, Apocalipsis 22:12, 2 Corintios 5.10). Hagamos pues un modesto análisis, o disertación a esas Cinco Coronas; que se otorgaran como recompensa a los cristianos vencedores; y lo haremos en el siguiente orden: La Corona Incorruptible, La Corona de Regocijo, La Corona de Justicia, La Corona de Gloria, y La Corona de la Vida.

1.- La Corona Incorruptible: o imperecedera, es mencionada por el apóstol Pablo en el pasaje que leemos en 1 Corintios 9:24-27. La analogía que el apóstol aplica en este pasaje, presenta al cristiano como un disciplinado atleta que participa en los juegos olímpicos. Con el objetivo de obtener la victoria en esas competencias; sabiendo que después del triunfo le espera un premio, o una corona.

1 Corintios 9

[24] ¿No sabéis que los que corren en el estadio, todos a la verdad corren, pero uno solo se

lleva el premio? Corred de tal manera que lo obtengáis. **25** Todo aquel que lucha, de todo se abstiene; ellos, a la verdad, para recibir **una corona** corruptible, pero nosotros, una **incorruptible. 26** Así que, **yo de esta manera corro, no como a la ventura; de esta manera peleo, no como quien golpea el aire, 27** sino que golpeo mi cuerpo, y lo pongo en servidumbre, no sea que habiendo sido heraldo para otros, yo mismo venga a ser eliminado.

Ahora bien recordemos que las coronas que recibían los triunfadores en esas competencias, eran un símbolo honorifico; pero hechas de hojas de laurel. O sea; un elemento perecedero, o corruptible.

Sin embargo al cristiano diligente y disciplinado, se le dice que la carrera y la lucha del evangelio, que el emprendió; a la postre ha de ser premiada con una corona incorruptible, o no hecha de hojas de perecedero laurel. En su momento el Señor Jesús expreso que los tesoros y los valores terrenos son temporales, se corrompen y son susceptibles al despojo. Pero los valores y tesoros guardados en el cielo, esos están seguros, y serán perpetuos; no sufrirán contaminación, pues son incorruptibles (Mateos 6:19; 1 Pedro 1:3-5). Note: que si esta corona es una virtud que se aplicara a la futura naturaleza del cristiano; entonces estamos hablando de que **la corona incorruptible,** es una esencia virtuosa; que transformara en incorrupta; tanto física, como moralmente, a las personas que alcancen ese preciado premio. En otras palabras, su naturaleza será exenta de toda la influencia del pecado y sus desbastadoras consecuencias (Romanos 8:-23).

1 Corintios 15

[51] He aquí, os digo un misterio: No todos dormiremos; pero todos seremos transformados, [52] en un momento, en un abrir y cerrar de ojos, a la final trompeta; porque se tocará la trompeta, **y los muertos serán resucitados incorruptibles**, y nosotros seremos transformados. [53] Porque **es necesario que esto corruptible se vista de incorrupción**, y esto mortal se vista de inmortalidad. [54] Y **cuando esto corruptible se haya vestido de incorrupción,** y esto mortal se haya vestido de inmortalidad, entonces se cumplirá la palabra que está escrita: Sorbida es la muerte en victoria. [55] ¿Dónde está, oh muerte, tu aguijón? ¿Dónde, oh sepulcro, tu victoria? [56] ya que el aguijón de la muerte es el pecado, y el poder del pecado, la ley.

1 Pedro 1

[3] Bendito el Dios y Padre de nuestro Señor Jesucristo, que según su grande misericordia nos hizo renacer para una esperanza viva, por la resurrección de Jesucristo de los muertos, [4] para **una herencia incorruptible, incontaminada e inmarcesible,** reservada en los cielos para vosotros, [5] que sois guardados por el poder de Dios mediante la fe, para

alcanzar la salvación que está preparada **para ser manifestada en el tiempo postrero**.

2.- La Corona de Regocijo: o de gozo, es conceptuada en la teología; como aquella corona que se otorgara a los que se esforzaron por ganar almas para Dios. El texto base que usualmente se toma, para asegurar esto; es el siguiente.

1 Tesalonicenses 2

[19] Porque **¿cuál es nuestra esperanza, o gozo, o corona de que me gloríe?** ¿No lo sois **vosotros, delante de nuestro Señor Jesucristo, en su venida?** [20] **Vosotros sois nuestra gloria y gozo.**

Aunque el cristiano ya tiene gozo en sí mismo (Mateo 13:44; Filipenses 4:4; 2 Corintios 12:10), lo que aquí se nos presenta; es la expresión de expectativas, sensaciones y resultados; como lo son la esperanza y el gozo; que habita en el corazón de la persona, que se esfuerza en traer almas a los pies del Cristo. Almas que delante del Señor, representaran el logro de aquel cristiano que trabajo; en la tan apreciada labor de la evangelización (Romanos 10:13-15; Filipenses 4:1;). Y es que la tarea de ganar almas, es vista en la biblia; como un acto de personas sabias (Isaías 12:3; Proverbios 11:30); cuyo resultado provoca fiesta en el cielo; por cada alma que arrepentida, se rinde a los pies de Jesús (Lucas 15:7). La salvación de estas personas, será como una insignia, que generara una reputación de glorioso regocijo; para aquel hermano que los que atrajo a Cristo su salvador (1 Corintios 15:10; 1 Tesalonicenses 2:20).

Una vez más; si la Corona de Regocijo es vista como una esencia virtuosa que abra de imputarse al cristiano en el Tribunal de Cristo. Entonces podemos decir que esa corona, es en sí; una sensación de regocijo, de gozo perpetuo que nunca pasara; por estar por siempre ante la presencia de Dios. Tal vez una referencia indirecta a este estatus de gozo ininterrumpido, lo podamos ver sugerido en los siguientes textos (Juan 17:13).

Isaías 51
[11] Ciertamente volverán los redimidos de Jehová; **volverán a Sion cantando, y gozo perpetuo habrá sobre sus cabezas; tendrán gozo y alegría, y el dolor y el gemido huirán.**

Isaías 51
[3] Ciertamente consolará Jehová a Sion; consolará todas sus soledades, y cambiará su desierto en paraíso, y su soledad en huerto de Jehová; **se hallará en ella alegría y gozo, alabanza y voces de canto.**

Salmos 16
[11] Me mostrarás la senda de la vida; **en tu presencia hay plenitud de gozo;** delicias a tu diestra para siempre.

Salmos 92
[4] Por cuanto me has alegrado, oh Jehová, con tus obras; **en las obras de tus manos me gozo.**

Mateo 5

[11] Bienaventurados sois cuando por mi causa os vituperen y os persigan, y digan toda clase de mal contra vosotros, mintiendo. [12] **Gozaos y alegraos, porque vuestro galardón es grande en los cielos**; porque así persiguieron a los profetas que fueron antes de vosotros.

Mateo 13

[44] Además, **el reino de los cielos es semejante a un tesoro escondido en un campo,** el cual un hombre halla, y lo esconde de nuevo; **y gozoso por ello va y vende todo lo que tiene, y compra aquel campo.**

Mateo 25

[19] Después de mucho tiempo vino el señor de aquellos siervos, y arregló cuentas con ellos. [20] **Y llegando el que había recibido cinco talentos, trajo otros cinco talentos, diciendo: Señor, cinco talentos me entregaste; aquí tienes, he ganado otros cinco talentos sobre ellos.** [21] Y su señor le dijo: Bien, buen siervo y fiel; sobre poco has sido fiel, sobre mucho te pondré; **entra en el gozo de tu señor.**

Apocalipsis 21

[4] **Enjugará Dios toda lágrima de los ojos de ellos; y ya no habrá muerte, ni habrá más llanto, ni clamor, ni dolor; porque las primeras cosas pasaron.**

3.- La Corona de Justicia: La mayoría de los expositores que enseñan acerca de esta corona, citan al pasaje de 2 Timoteo 4:7-8; en el cual Pablo deja saber a Timoteo, que el fin de su carrera estaba próximo. Ahí el viejo apóstol hace mención de La Corona de Justicia, enfatizando que **dicho galardón será otorgado en aquel día; a él, y a todos los que aman la venida de Cristo.**

2 Timoteo 4

⁷ He peleado la buena batalla, he acabado la carrera, he guardado la fe. ⁸ Por lo demás, me está guardada **la corona de justicia**, la cual me dará el Señor, juez justo, **en aquel día**; y no sólo a mí, sino también **a todos los que aman su venida.**

Creo que esta por de mas decir, que el ferviente anhelo de cada cristiano verdadero; es que el Señor Jesús retorne a esta tierra (Mateo 24:3; Hechos 1:6-11; 1 Corintios 16:22; 1 Tesalonicenses 1:9-10). Y debemos de ser consientes, de que el mensaje de salvación y vida eterna predicado en el evangelio; no culmina con el glorioso sacrificio de Cristo en la cruz del calvario. Si queremos aceptarlo, la obra redentora de Cristo; también incluye su venida triunfante, y solo quedara completa y evidente; cuando en su retorno arrebate en un abrir y cerrar de ojos, a los vivos y a los muertos; que le han esperado con fe, para ser llevados a los cielos, en una naturaleza eterna, e incorrupta; y hasta entonces y solo *"entonces se cumplirá la palabra que está escrita sorbida es la muerte en victoria" (1 Corintios 15:51-55)*

Romanos 8

[19] **Porque el anhelo ardiente de la creación es el aguardar la manifestación de los hijos de Dios.** [20] Porque la creación fue sujetada a vanidad, no por su propia voluntad, sino por causa del que la sujetó en esperanza; [21] porque también la creación misma será libertada de la esclavitud de corrupción, **a la libertad gloriosa de los hijos de Dios.** [22] Porque sabemos que toda la creación gime a una, y a una está con dolores de parto hasta ahora; [23] y **no sólo ella, sino que también nosotros mismos, que tenemos las primicias del Espíritu, nosotros también gemimos dentro de nosotros mismos, esperando la adopción, la redención de nuestro cuerpo.**

Note que el cristiano, ya ha sido justificado; desde que arrepentido se rindió a los pies de Cristo (Romanos 3:24; 5:1; 1 Corintios 6:11; Gálatas 2:16; Tito 3:7). En cuanto a esta corona de justicia, si la vemos como virtud y esencia espiritual; que habrá de ser adjudicada a los vencedores que aman la venida de Jesús. Podríamos decir que la otorgación de esta insignia, tiene al menos dos implicaciones.

1.- Al colocar la corona de justicia, en la cabeza del creyente; se proclamaría en definitiva en el cielo; lo que ya se proclamo en la tierra (Mateo 16:19; 18:18; Lucas 18:10-14; Juan 20:23); que esa persona está justificada en toda su sustancia existencial. Y ha sido tornada, o reprogramada en su carácter y moral; en alguien totalmente justo. O sea, en alguien ajeno a transgredir las leyes del Reino Sempiterno de Dios (Romanos 2:15; 2 Corintios 3:3-11; Hebreos 8:10; 10:16)

Si así fuere, entonces esta clase de justicia, es un don espiritual (Romanos 5:16-19; 8:33); que no es fruto, o consecuencia de la justicia que como humanos pudiéramos producir; la cual no tiene ningún efecto redentor (Ezequiel 16:59-63; Deuteronomio 9:5-6;). Respecto a esto Isaías escribió: *"Si bien todos nosotros somos como suciedad, y todas nuestras justicias como trapo de inmundicia; y caímos todos nosotros como la hoja, y nuestras maldades nos llevaron como viento." (Isaías 64:5-6).* Pablo reconoció esto, al escribir: *"como está escrito "No hay justo, ni aun uno; (Romanos 3:10)".* Y Dijo; *"Porque aunque de nada tengo mala conciencia, no por eso soy justificado; pero el que me juzga es el Señor. (1 Corintios 4:4).* Así que esta Justicia seria un don concedido.

Romanos 5
¹⁶Y con el don no sucede como en el caso de aquel uno que pecó; porque ciertamente el juicio vino a causa de un solo pecado para condenación, pero el don vino a causa de muchas transgresiones para justificación. ¹⁷Pues si por la transgresión de uno solo reinó la muerte, mucho más reinarán en vida por uno solo, Jesucristo, **los que reciben la abundancia de la gracia y del don de la justicia.**

2.- Al colocar la corona de justicia, en la cabeza del creyente; se proclamaría que esta persona ha sido galardonada con un distintivo de justicia; con el énfasis de hacer de él, un agente de justicia. Y ya que por lo regular, la justicia la encarna un juez, o magistrado que vela para que se aplique el aparato judicial; que se le ha encomendado. Entonces entenderíamos que la escritura esta afirmando, que con la corona de justicia; se le otorgara al creyente el titulo de juez; y con esa insignia la facultad de juzgar, o aplicar la ley de Dios. En alguno de los rubros del gobierno de Cristo, que estará rigiendo durante mil años en esta tierra (Daniel 7:18).

1 Corintios 6
² ¿O no sabéis que **los santos han de juzgar al mundo?** Y si **el mundo ha de ser juzgado por vosotros,** ¿sois indignos de juzgar cosas muy pequeñas? **³** ¿O no sabéis que **hemos de juzgar a los ángeles?** ¿Cuánto más **las cosas de esta vida?**

Apocalipsis 20
⁴Y vi tronos, y se sentaron sobre ellos los que recibieron facultad de juzgar; y vi las almas de los decapitados por causa del testimonio de Jesús y por la palabra de Dios, los que no habían adorado a la bestia ni a su imagen, y que no recibieron la marca en sus frentes ni en sus manos; y vivieron y reinaron con Cristo mil años. **⁵** Pero los otros muertos no volvieron a vivir hasta que se cumplieron mil años. Esta es la

primera resurrección. ⁶Bienaventurado y santo
el que tiene parte en la primera resurrección;
la segunda muerte no tiene potestad sobre
éstos, sino que serán sacerdotes de Dios y
de Cristo, y **reinarán con él mil años.**

Mateo 19

²⁷Entonces respondiendo Pedro, le dijo: He
aquí, nosotros lo hemos dejado todo, y te hemos
seguido; ¿qué, pues, tendremos? ²⁸Y Jesús les
dijo: De cierto os digo que en la regeneración,
**cuando el Hijo del Hombre se siente en el
trono de su gloria, vosotros que me habéis
seguido también os sentaréis sobre doce
tronos, para juzgar a las doce tribus de Israel.**

4.- La Corona Incorruptible de Gloria: Respecto a esta
corona casi por lo general se enseña, que dicha insignia;
habrá de ser otorgada a los Ministros que apacientan el
rebaño del Señor. Para afirmar esta idea doctrinal, se cita el
pasaje de 1 Pedro 5:1-4, y se coteja con Daniel 12:2-3.

1 Pedro 5

¹ **Ruego a los ancianos que están entre
vosotros, yo anciano también con ellos**,
y testigo de los padecimientos de Cristo,
que soy también participante de **la gloria
que será revelada:** ²**Apacentad la grey de
Dios** que está entre vosotros, cuidando de
ella, no por fuerza, sino voluntariamente; no

por ganancia deshonesta, sino con ánimo pronto; [3] no como teniendo señorío sobre los que están a vuestro cuidado, sino siendo ejemplos de la grey. **[4] Y cuando aparezca el Príncipe de los pastores, vosotros recibiréis la corona incorruptible de gloria.**

Ahora bien la palabra gloria en el contexto bíblico, es una palabra que tiene al menos dos definiciones.

La primera definición de gloria: se aplica a un conjunto de loores, con los que se expresa admiración y reconocimiento a un ser; y enfatiza: alabanza (1 Crónicas 16:28; Salmo 29:1-4); denota un reconocimiento de culto, exclusivo a Dios (Isaías 42:8; 48:11; Jeremías 17:12; Gálatas 1:5); se usa para señalar admiración (1 Reyes 3:13; Isaías 6:3: 1 Corintios 15:31); se expresa como reconocimiento, que emana de un triunfo (Jueces 4:9). En algunos textos la palabra gloria; está ligada al honor que provienen de altos cargos públicos, o de la realeza (Génesis 45:13; Daniel 4:30; Ester 1:4; Mateo 25:31; Hechos 7:55-56); o del honor que resulta de las riquezas, o posesiones (Ester 1:4; 5:11; Job 19:9).

La segunda definición de gloria: se aplica en pasajes donde se denota el brillo, o la luz resplandeciente que emana de un ser (Éxodo 24:16-17; 34:28-35; Isaías 60:19; Ezequiel 1:28; 10:4; Salmo 104:1-2; "Mateo 17:1-2, compare con Lucas 9:32"; Lucas 2:9; 24:4; Hechos 22:11; 1 Corintios 15:40-41).

Significado de Gloria: wikicristiano Diccionario Biblico: Gloria https://www.wikicristiano.org/diccionario-biblico/significado/gloria/

Al coronar de Gloria al creyente; se proclamaría que esta persona ha sido galardonada con un distintivo que tiene múltiples énfasis. Por ejemplo: le daría honorabilidad; haría que el glorificado recibiera alabanza. NOTA: respecto a esto diríamos que la definición de alabanza, aquí mencionada; no tiene nada que ver con canticos, o acciones de culto a un ser. Más bien, como dicen los diccionarios; este tipo de alabanza, tiene que ver con: *"manifestar aprecio; decir cosas favorables, o elogiosas de una persona, o de una cosa resaltando sus méritos o cualidades"*[11]. En ese sentido, Dios mismo alaba, o elogia; a los que son aprobados.

2 Corintios 10

[18] porque no es aprobado el que se alaba a sí mismo, sino **aquel a quien Dios alaba.**

Romanos 2

[28] Pues no es judío el que lo es exteriormente, ni es la circuncisión la que se hace exteriormente en la carne; [29] sino que es judío el que lo es en lo interior, y la circuncisión es la del corazón, en espíritu, no en letra; **la alabanza del cual no viene de los hombres, sino de Dios.**

Esta gloria seria una condecoración, al que salió victorioso de su batalla; al igual que enfatizaría un alto cargo público,

---

[11] Extracto de "Alabar" definición sugerida:
  Gran Diccionario de la Lengua Española © 2016 Larousse Editorial, S.L.
  Kernerman English Dictionary © 2006-2013 K Dictionaries Ltd.
  • https://es.thefreedictionary.com/alabar
  • https://dle.rae.es/alabar

o de realeza; al ser reconocido como rey y sacerdote (Mateo 19:28; Apocalipsis 1:6; 5:8-10; 20:4)

2 Timoteo 2
[12] **Si sufrimos, también reinaremos con él**;
Si le negáremos, él también nos negará.

Apocalipsis 5
[10] y **nos has hecho** para nuestro Dios **reyes y sacerdotes, y reinaremos sobre la tierra.**

Esa corona de gloria, sería un énfasis que resaltaría las enormes riquezas materiales, espirituales y jerarquicas; que el Señor le concedería al glorificado en su reino. Sin embargo, note que este otorgamiento de riquezas materiales, es póstumo a este orden de cosas. El cristiano en este punto está en el Tribunal de Cristo, por lo cual ya ha sido arrebatado y su naturaleza procesada. Y habiendo sido transformado, ha sido despojado de toda ambición mundana; y amor a lo material, o al dinero. Pues la ambición a lo material, nunca ha sido el incentivo de Dios a sus hijos, (Proverbios 23:5; Mateo 6:24; 1 Timoteo 6:10-17; 2 Pedro 2:1-3); aunque las bendiciones de Dios muchas veces incluyan la prosperidad económica (Génesis 13:1-18; 1 Reyes 3:7-13; 3 Juan 1:2). Basta recordar las riquezas, y la gloria terrena; que el diablo ofreció a Jesús (Mateo 4:8-10); persuasión que no hizo meya en el Maestro; siendo Jesús el verdadero Creador y dueño del universo (Mateo 11:27; Juan 1:1-3; Hebreos 1:1-13). Igualmente no inmutara a la ambición, toda riqueza dada, al nuevo ser que habremos adquirido.

Mateo 25

³⁴Entonces el Rey dirá a los de su derecha:
Venid, benditos de mi Padre, **heredad
el reino preparado para vosotros**
desde la fundación del mundo.

Apocalipsis 21

⁷El que **venciere heredará todas las cosas**,
y yo seré su Dios, y él será mi hijo.

1 Corintios 3

²¹Así que, ninguno se gloríe en los hombres;
porque todo es vuestro: ²²sea Pablo, sea
Apolos, sea Cefas, **sea el mundo, sea la
vida, sea la muerte, sea lo presente,
sea lo por venir, todo es vuestro,** ²³y
vosotros de Cristo, y Cristo de Dios.

Romanos 8

¹⁷Y si hijos, también herederos; **herederos
de Dios y coherederos con Cristo,** si es
que padecemos juntamente con él, para que
juntamente con él seamos glorificados. ¹⁸Pues
tengo por cierto que las aflicciones del tiempo
presente no son comparables con **la gloria
venidera que en nosotros ha de manifestarse.**

Y como último señalamiento, podríamos teorizar que el
glorificado manifestara en su ser; la esencia de un resplandor
de luz; que será de acuerdo, a la magnitud de gloria que se

le conceda; por los meritos y obras que haya demostrado en su carrera por la vida (Romanos 2:6; 1 Corintios 15:41-42).

Experiencias y ejemplos anticipados, de ese fenómeno de radiante luz que emanara de los cuerpos glorificados. Los podemos ver en diversos pasajes, en los que se describen eventos; como cuando Jesús se transfiguro haciéndose resplandeciente. O cuando cerca de Damasco, Jesús apareció en un resplandor de luz a Saulo de Tarso. O como en el pasaje del libro de Daniel, en el que se nos dice que los entendidos resplandecerán; pero enfatiza que será mayor el resplandor de aquellos, que enseñan (Ministros) a las multitudes.

Marcos 9
² Seis días después, Jesús tomó a Pedro, a Jacobo y a Juan, y los llevó aparte solos a un monte alto; y **se transfiguró delante de ellos.** ³ **Y sus vestidos se volvieron resplandecientes,** muy blancos, como la nieve, tanto que ningún lavador en la tierra los puede hacer tan blancos. ⁴ Y les apareció Elías con Moisés, que hablaban con Jesús.

Hechos 9
³ Mas yendo por el camino, aconteció que al llegar cerca de Damasco, repentinamente **le rodeó un resplandor de luz del cielo;** ⁴ y cayendo en tierra, oyó una voz que le decía: Saulo, Saulo, ¿por qué me persigues? ⁵ El dijo: ¿Quién eres, Señor? Y le dijo:

Yo soy Jesús, a quien tú persigues; dura
cosa te es dar coces contra el aguijón.

Daniel 12

²Y muchos de los que duermen en el polvo
de la tierra serán despertados, unos para vida
eterna, y otros para vergüenza y confusión
perpetua. ³ **Los entendidos resplandecerán**
como el resplandor del firmamento; y **los
que enseñan la justicia a la multitud,
como las estrellas a perpetua eternidad.**

La Biblia enfatiza que Dios es luz (1 Juan 1:5); al igual que
su morada (1 Timoteo 6:16). Pero resulta interesante ver,
que el mismo Jesucristo, describe a los cristianos como seres
de luz (Mateo 5:14-16); los cuales, dice Pablo, resplandecen
como luminares entre las tinieblas de este mundo (Filipenses
2:13-15). En el caso de Dios, al decírsenos que Él, es luz; no
podemos dudarlo; pero en el caso del cristiano, aunque es
difícil de digerirlo; también es luz: moral, o religiosa. Pero
aunque no lo notemos, va adquiriendo una similitud de
gloria; que a la postre será semejante a la de Jesús (1 Juan 3:2).

1 Juan 1

⁵ Este es el mensaje que hemos oído
de él, y os anunciamos: **Dios es luz,** y
no hay ningunas tinieblas en él.

1 Juan 3

²Amados, ahora somos hijos de Dios, y
aún no se ha manifestado lo que hemos

de ser; pero sabemos que cuando él se manifieste, **seremos semejantes a él,** porque le veremos tal como él es.

Un caso interesante de resplandor, o luz corporal; es el caso de Moisés. Note que la cercanía de este varón, con la gloriosa presencia Dios en el Monte santo; impregno de luz al profeta. El cual sin percatarse de semejante fenómeno, retorno al campamento; con la piel de su rostro resplandeciendo de luz.

Éxodo 34

²⁹ Y aconteció que descendiendo Moisés del monte Sinaí con las dos tablas del testimonio en su mano, **al descender del monte, no sabía Moisés que la piel de su rostro resplandecía,** después que hubo hablado con Dios. ³⁰ Y Aarón y todos los hijos de Israel miraron a Moisés, y he aquí **la piel de su rostro era resplandeciente**; y tuvieron miedo de acercarse a él.

Éxodo 34

³⁵ Y al mirar los hijos de Israel el rostro de Moisés, **veían que la piel de su rostro era resplandeciente**; y volvía Moisés a poner el velo sobre su rostro, hasta que entraba a hablar con Dios.

Venido el Nuevo Pacto, el apóstol Pablo diría acerca del fenómeno de gloria; manifiesto en Moisés. Que los hijos de Israel no pudieron contemplar fijamente, el rostro del anciano caudillo; a causa de ese **resplandor glorioso**;

que al mismo tiempo los asombraba, y los atemorizaba. Evidentemente refiriéndose a la luz, que manaba del rostro del profeta (2 Corintios 3:7-18). Note que en ese pasaje, Pablo connota una comparativa entre los dos pactos; y destaca la superioridad del Pacto en Cristo. Pues en el Antiguo Pacto, solo el rostro de Moisés se torno resplandeciente; mientras que en el Nuevo Pacto, todos los cristianos evolucionaran de gloria en gloria, hasta ser transformados a la misma imagen de Cristo (1Juan 3:2). Así que esa corona de gloria, pudiera ser una virtud de luz que envolverá al creyente; algo así como un aura.

2 Corintios 3

[7] Y si el ministerio de muerte grabado con letras en piedras fue con gloria, tanto que **los hijos de Israel no pudieron fijar la vista en el rostro de Moisés a causa de la gloria de su rostro**, la cual había de perecer, [8] ¿cómo no será más bien con gloria el ministerio del espíritu? [9] Porque si el ministerio de condenación fue con gloria, mucho más abundará en gloria el ministerio de justificación. [10] Porque aun lo que fue glorioso, no es glorioso en este respecto, en comparación con la gloria más eminente. [11] Porque si lo que perece tuvo gloria, mucho más glorioso será lo que permanece.

2 Corintios 3

[16] Pero cuando se conviertan al Señor, el velo se quitará. [17] Porque el Señor es el Espíritu;

y donde está el Espíritu del Señor, allí hay libertad. **¹⁸ Por tanto, nosotros todos, mirando a cara descubierta como en un espejo la gloria del Señor, somos transformados de gloria en gloria en la misma imagen, como por el Espíritu del Señor.**

Romanos 8

²⁹ Porque a los que antes conoció, también los predestinó **para que fuesen hechos conformes a la imagen de su Hijo**, para que él sea el primogénito entre muchos hermanos.

5.- La Corona de la Vida: En cuanto a esta última corona a tratar, comúnmente se enseña; que para que el vencedor la obtenga; los requisitos son: **1)** Que el creyente deberá de enfrentar toda prueba, y resistir toda tentación. Para sostener esta afirmación se toma el pasaje de Santiago 1:12. **2).** Otro requisito se describe en el pasaje de Apocalipsis 2:10; en donde vemos, que a fin de ganar esta corona; se ve impuesta al vencedor la exigencia de ser fiel a Dios; en medio de padecimientos, persecuciones, cárceles; y según se expone; hasta la misma muerte. Note los pasajes:

Santiago 1

¹² Bienaventurado el varón que **soporta la tentación; porque cuando haya resistido la prueba, recibirá la corona de vida,** que Dios ha prometido a los que le aman.

Apocalipsis 2

¹⁰No temas en nada lo que vas a padecer. He aquí, el diablo echará a algunos de vosotros en la cárcel, para que seáis probados, y tendréis tribulación por diez días. **Sé fiel hasta la muerte, y yo te daré la corona de la vida.**

Sin embargo, la implicancia de los requisitos aquí descritos, para obtener la Corona de la vida; suscita al menos tres preguntas a contestar. **La primera** sería: ¿Qué es la vida? **La segunda** sería: ¿Cuál es el concepto bíblico, más completo de lo que es la vida; y su relación con la Divinidad? **La tercera** pregunta sería: ¿Qué "clase de vida, es este galardón" que en los pasajes de Santiago 1:12 y Apocalipsis 2:10; se ofrece, a los creyentes esforzados, que lo ganan conforme a su obrar? Ya que Cristo ofrece por su gracia, la sustancia virtuosa de la vida eterna; a las personas que creen en él.

La primera: ¿Qué es la vida?

La palabra española "vida" viene de la palabra latina "vita".¹² Y es un concepto muy difuso, que no goza de un solo significado; sino que tiene varias formas de interpretación; dependiendo el ámbito en el cual se use la palabra.

---

¹²   Vida Significado: https://es.wikipedia.org/wiki/Vida
     Significado de vid: https://www.significados.com/vida/

En sí, el concepto de "vida" puede definirse de manera variada, siguiendo más o menos este patrón de ideas

1) Vida es el espacio de tiempo que transcurre desde el momento que se concibe biológicamente a un ser; hasta el momento de su muerte. Por implicación, se deduce que la vida; es ese lapso de tiempo que goza un ser, ya sea; una persona, un animal, o una planta. Tiempo en el que habrá de desarrollarse, y estar activo en el medio natural al cual pertenece, hasta el momento de su deceso.

2) La "vida" también puede hacer referencia, al fenómeno intangible, o chispa vital que ánima a la materia. Dándole función, a la capacidad orgánica y pensante del ser; para que responda adecuadamente, a los estímulos externos que le rodean.

3) La palabra "vida" es muy común que se use como sinónimo, para denotar un estilo de vida, o para enfatizar cierto gusto, o placer por algo (esto es vida). También puede usarse en un sentido imaginario, de honor imperecedero; típico de esto es la exclamación de "viva" que se le acredita al rey (Daniel 3:9; 6:21), al héroe, al equipo, a la causa, etc. etc. etc.

4) El concepto de vida en las religiones, tiene muchas variaciones; dependiendo a la religión que se especule. Pero en la mayoría de ellas, la vida es la unión del alma y del espíritu con el cuerpo. La vida del cuerpo es mortal, mientras que la vida del alma, como la del espíritu; son eternas. Aquí es menester, saber diferenciar entre "la vida

terrena" de la "vida eterna". En síntesis, se trata de resaltar la temporalidad de la vida del alma; en el cuerpo físico, o vida terrena; como un lapso de prueba que sujeta al humano a un pacto, o código de comportamiento religioso. Con el fin de definir, el estatus existencial del alma de la persona, en la vida eterna. Por lo cual **se puede entender, que la mayoría de las religiones conciben la vida (del alma); como una sustancia perpetua, que no termina con la muerte. Solo sufre cambios pertinentes, para readaptarse a la nueva dimensión espiritual; en la que ha de habitar por la eternidad (en la gloria, o en el infierno).** Aunque en algunas religiones, erróneamente se opta por creer; que al fallar la prueba, el individuo cuando muere, ha de enfrentar la desintegración del alma; y por lo tanto la desintegración de su vida, o existencia.

La segunda: ¿Cuál es el concepto bíblico de lo que es la vida; y su relación con la divinidad?

Independientemente de los conceptos, que la ciencia, la filosofía, la literatura, las múltiples enseñanzas religiosas, mitológicas, y creencias personales; formulen acerca de lo que es la vida. Debemos preguntarnos ¿Qué es lo que dicen las Sagradas Escrituras, al respecto?

Es evidente que en la Biblia, el término "vida", es igualmente muy prolifero; y por lo tanto la idea de "vida", en sí; goza de distintos conceptos, e interpretaciones. Las cuales varían, dependiendo a que, o a quien; se esté haciendo referencia al momento de aplicar esta palabra. Aquí hay algunos ejemplos de lo que hemos podido percibir, en la biblia de esos variados conceptos. Y a la vez en el punto "d", especulamos; en lo trascendente de la "vida"; al ser enfocada, o identificada como una sustancia, o esencia personificada con el "Padre, el Hijo y el Espíritu Santo".

a. La "vida" **como chispa, o sustancia existencial** de toda criatura.

b. La "vida" desde **el factor tiempo sobre el individuo; y la perpetuidad del ser en la eternidad.**

c. La "vida" desde **alguna de las tres partes, que componen al ser humano (estas serian; espíritu, alma, y cuerpo).**

d. La "vida" vista como **una identidad de la Divinidad;** al notar que a la sustancia de la vida; se le **ve personificada con el "Padre, el Hijo y el Espíritu Santo".**

a) La vida como chispa, o sustancia existencial del ser.

El concepto de la vida en la biblia, puede abordarse enfocando a las criaturas de toda índole. Como seres que ha venido a la existencia, al poseer la chispa de la vida generada por la acción de la palabra de Dios; que torna la materia en carne vivificándola (Génesis 1:20-30; Salmo 33:9). O como en el caso del hombre, quien adquirió esa sustancia, o chispa anímica de vida; directamente por el soplo del Creador. El cual al entrar en contacto con aquella figura de tierra, le introdujo el aliento de espíritu de vida; produciendo así del hombre de tierra, un ser viviente.

Génesis 2

⁷ Entonces Jehová Dios formó al hombre del polvo de la tierra, y sopló en su nariz **aliento de vida**, y fue **el hombre un ser viviente.**

Job 7

⁷ Acuérdate que **mi vida es un soplo**, Y que mis ojos no volverán a ver el bien.

Job 33

⁴ El espíritu de Dios me hizo, y **el soplo del Omnipotente me dio vida.**

Génesis 7

²² Todo lo que tenía **aliento de espíritu de vida** en sus narices, todo lo que había en la tierra, murió.

Sin embargo, cuando se produjo el pecado; y se dio pasó al surgimiento de la muerte; la cual es el contraste, e interpolación de la vida (Génesis 3:17-19; 7:22). El cuerpo de carne del ser humano, sufrió el embate y en ese momento; aunque se perdió la perpetuidad de la vida física; la sustancia anímica y espiritual de la persona; si pudo trascender a otra forma de vida (la eterna). Cabe decir que esta clase de vida intangible, se contempla como la máxima de la posesiones; que tiene el hombre terrenal (Jeremías 39:18; Lucas 12:23). Jesús dijo en cierto momento *"Porque ¿qué aprovechará al hombre, si ganare todo el mundo, y perdiere su alma? ¿O qué recompensa dará el hombre por su alma?" (Mateo 16:26)*

b) La vida desde el factor tiempo sobre el individuo.

El concepto de vida, puede abordarse en cuanto a tiempos; o etapas, que como procesos debe necesariamente atravesar el hombre; diferenciando la cronología temporal de la vida del individuo; de la cronología eterna de la vida del individuo. Note que a menudo la biblia, al referirse a la vida del hombre; la plasma como encapsulada en dos facetas, o etapas; que se turnan, o relevan; para componer una línea de tiempo; en la que se contempla, a la completa existencia del ser humano. La primera de esas dos facetas de tiempo, es la que vive el hombre en el cuerpo de carne; se le denomina vida terrenal. La cual termina con su muerte física; para enseguida dar continuidad, o pasó; a que la existencia intangible del hombre sea introducida a una nueva forma de vida, que se le denomina la vida eterna. ¡Que más bien, es en sí!; la vida perpetua del individuo en la eternidad; ya sea en la gloria, o en el infierno. (Daniel 12:2-3; Isaías 14:7-20: Mateo 25:46; Marcos 9:42-48; Juan 5:28-29; Apocalipsis 20:11-15; 1 Corintios 15; Filipenses 1:21-23).

Eclesiastés 3

¹¹ Todo lo hizo hermoso en su tiempo; y **ha puesto eternidad en el corazón de ellos, sin que alcance el hombre a entender la obra que ha hecho Dios desde el principio hasta el fin.**

Lucas 20

37 Pero en cuanto a que los muertos han de resucitar, aun Moisés lo enseñó en el pasaje de la zarza, cuando llama al Señor, Dios de Abraham, Dios de Isaac y Dios de Jacob. 38 Porque **Dios no es Dios de muertos, sino de vivos, pues para él todos viven.**

Lucas 16

22 Aconteció que **murió el mendigo, y fue llevado por los ángeles al seno de Abraham; y murió también el rico, y fue sepultado.** 23 **Y en el Hades alzó sus ojos, estando en tormentos, y vio de lejos a Abraham, y a Lázaro en su seno.** 24 Entonces él, dando voces, dijo: Padre Abraham, ten misericordia de mí, y envía a Lázaro para que moje la punta de su dedo en agua, y refresque mi lengua; porque estoy atormentado en esta llama. 25 Pero Abraham le dijo: Hijo, acuérdate que recibiste tus bienes en tu vida, y Lázaro también males; pero **ahora éste es consolado aquí, y tú atormentado.**

La perpetuidad del ser en la eternidad

La eternidad es independiente del tiempo, e indica perpetuidad; es decir, es continua, sin interrupción, para siempre, y sin final; de ahí que este en directo contraste, con lo que es breve y fugaz. De hecho la eternidad,[13] funciona dentro del tiempo medido en horas, días, noches, semanas, meses, estaciones, y años; como funciona fuera de este régimen conceptual del tiempo (Génesis 1:11-19). Pero para ser más precisos, la realidad es que la eternidad; para nada está subordinada a los años, y nada tiene que ver con el progreso de ellos.[14]

Como sustancia, o forma de existencia; la chispa de la vida que poseen los seres humanos; no cesa, es eterna. Por lo tanto no se puede interrumpir por los efectos de la muerte física; ni por los efectos de la muerte ultima, o segunda (Apocalipsis 20:14-15).

Simplemente la persona, en esa sustancia, o chispa anímica; ha sido facultada para existir eternamente, por la perpetuidad que habita dentro de su ser intangible. Todo

---

[13] Eterno en griego aiónios (αἰώνιος, ία, ιον) Strong's 166. Eterno, interminable; llevando la idea de calidad al igual que cantidad y en directo contraste con lo que es breve y fugaz.
https://bibliaparalela.com/greek/166.htm

[14] "¿Qué es la vida eterna?" https://www.gotquestions.org/Espanol/que-es-la-vida-eterna.html

ser humano que viene a existir en este mundo, ha de ser procesado primero: por temporalidad de su vida en la carne, o terrenal; y segundo: después de que su ser, sea descarnado; el individuo debe de ser procesado; en la dimensión del régimen del mundo espiritual. Con el objetivo de ser juzgado, para de determinar; si el destino eterno de esa alma, será la ininterrumpida gloria eterna; o en su contraste, la ininterrumpida condenación eterna. (Mateo 25:31-48; Marcos 9:42-48; Juan 5:28-29; Apocalipsis 20:14-15). De ahí que veamos en la palabra de Dios, una gran cantidad de terroríficas advertencias; en las que se nos exhorta a conducirnos correctamente en esta vida; para no llevar a nuestro ser, a la condenación del suplicio eterno (Mateo 5:20-30);

Juan 5
[28] No os maravilléis de esto; porque vendrá hora cuando todos los que están en los sepulcros oirán su voz; [29] **y los que hicieron lo bueno, saldrán a resurrección de vida; mas los que hicieron lo malo, a resurrección de condenación.**

c) *La vida como concepto, desde alguna de las tres partes, que componen al ser humano.*

Para continuar con el desentrañamiento que ronda al misterio de la vida; incluidas tanto la vida presente y activa en el ser humano; como aquella vida prometida, en forma de corona que se ha de otorgar a los vencedores (corona de vida). **Es menester el que indaguemos, de dónde fue**

que provino la sustancia de la "vida", del ser humano; haciéndole existir cómo un ser viviente. Para eso habremos de remontarnos hasta la narración del Génesis 2:7, en donde se detalla con precisión la creación del hombre. Así como también es necesario, que citemos algunos otros pasajes, y palabras claves; en los idiomas en los cuales se escribió la Sagrada Escritura. Esto es en hebreo para el Antiguo Testamento, y el griego para el Nuevo Testamento

Génesis 2

⁷Entonces Jehová Dios formó al hombre del **polvo (עָפָר aphar)** de la tierra, y **sopló (יִפַּח naphach)** en su nariz **aliento (נְשָׁמָה neshamah)** de **vida, (חַיִּים chay)** y fue el hombre **un ser (נֶפֶשׁ néfesh) viviente (חַיָּה: chayah)**

En esta narrativa encontramos que Dios formo al hombre del polvo (עָפָר **aphar)** de la tierra,[15] obviamente asiendo alusión al origen; o a la parte material que Dios utilizo para crear al ser humano. Podríamos imaginar que al principio, el hombre era algo así; como una estatua de barro inanimada, o vacía de vida. Pero cuando Dios soplo (יִפַּח **naphach)**[16] su

---

15 Traducción de la palabra hebrea עָפָר aphar (afár). Concordancia Strong 6083: polvo, tierra, ceniza, arcilla, barro. Se encuentra en el AT 110 veces: https://bibliaparalela.com/hebrew/6083.htm

16 Traducción de la palabra hebrea נָפַח naphach. Concordancia Strong 5301: Sopla, soplar, hierve, afligí, para respirar, golpe. Se encuentra en el AT 12 veces. https://bibliaparalela.com/hebrew/5301.htm

aliento (נְשָׁמָה neshamah)[17] de vida (חַיִּים chay) en aquella estatua de barro; este artefacto de arcilla se convirtió **un ser** (נֶפֶשׁ néfesh)[18] **viviente** (חַיָּה: chayah). Tornándose su parte material, o **polvo;** en un **cuerpo de carne** (בָּשָׂר basar); con todos sus respectivos órganos; concretándose así, la creación del hombre.

Como podemos ver, encontramos que la palabra vida mencionada en el pasaje de Génesis 2:7; es en hebreo la palabra חַיִּים "chay" חָי (con sus variantes Chaim, Haim, Hayim)[19]. Y se nos dice de ella que es un sustantivo; del que se genera el verbo hebreo חָיָה "chayah"; que se encuentra traducido en los sagrados escritos como: vivir, tener vida, permanecer vivo, sostener la vida, vivir para siempre, ser avivado, estar vivo, recuperar la vida, o la salud[20]. Y "chayah" suele ser traducido como "viviente o vivificado"[21]

---

[17] Traducción de la palabra hebrea נְשָׁמָה neshamah. Concordancia Strong 5397; aliento, soplo, **vida,** un soplo, viento, enojado, aliento vital,. Se encuentra en el AT 23 veces: https://bibliaparalela.com/hebrew/5397.htm

[18] Traducción de la palabra hebrea נֶפֶשׁ nephesh, o néfesh. Concordancia Strong 5315: alma, **vida,** persona, un alma, ser viviente, yo. Se encuentra en el AT 754 veces: https://bibliaparalela.com/hebrew/5315.htm

[19] Traducción de la palabra hebrea חַיִּים chay (חָי) Concordancia Strong 2416: **vida,** vive, vivo, crudo, fresco, fuerte. Se encuentra en el AT. 503 veces: https://bibliaparalela.com/hebrew/2416.htm

[20] Traducción de la palabra hebrea חַיָּה: chayah (חָיָה) Concordancia Strong 2421: viviente, vivió, vivirá, **vida,** vivir, para revivir. Se encuentra en el AT 263 veces: https://bibliaparalela.com/hebrew/2421.htm

[21] ¿Qué es vida? Por: Brad Scott de: WildBranch Ministry, traducido por: María E. Figueroa
https://www.wildbranch.org/translations/espanol/05vida.html

Algo que debemos de notar, es que; aunque aparentemente no aparece la palabra espíritu en el acto creador del hombre; descrito en Génesis 2:7. La realidad es que el uso de las palabras soplo (יִפַּח naphach) y aliento (נְשָׁמָה neshamah) de Dios, que si encontramos en el texto; son formas de expresión que tienen una relación directa con la moción, o actividad del Espíritu de Dios; sobre aquel artefacto de arcilla. El cual al ser soplado, o compartido; a manera de aliento, o trasmisor de vida; convirtió al hombre de barro en **un ser viviente** (Job 33:4; Ezequiel 37:1-10). Note que en hebreo, la palabra para espíritu es **rúaj** (רוּחַ); el cual es un término que aglomera significados tales como: viento, aliento, soplo, aire, espíritu, vida. Así como a algunas manifestaciones propias del carácter; tales como cólera, animo, ímpetu, entre otros[22] (Isaías 11:2; Lucas 1:46-47, Hechos 18:25). De ahí, que al espíritu se le conciba como un ser inmaterial, dotado de razón y emociones; asociado íntimamente con el alma, o como una segunda acepción de ella. Observemos que la palabra ruaj (רוּחַ), es una expresión; con la que no solo se puede hacer referencia al espíritu humano; también se usa para señalar al Espíritu Santo (רוח הקודש, rúaj ha-kodesh), al Espíritu de Dios (רוּחַ אֱלֹהִים *rúaj*

---

[22] Traducción de la palabra hebrea רוח rúakj Concordancia Strong 7307: Definición espíritu, viento, vientos, aliento, exhalación, vida, cólera. Se encuentra en el AT 377 veces. Se interpreta en la biblia RVR 1009 como: espíritu (245 veces), viento (81 veces), vientos (15 veces), aliento (6 veces), espíritus (6 veces), lado (4 veces), soplo (4 veces), ánimo (2 veces), aire (1 vez), enajenada (1 vez), enojo (1 vez), hálito (1 vez), ímpetu (1 vez), lados (1 vez), orden (1 vez), pensado (1 vez), refrigerio (1 vez), respiración (1 vez), vana (1 vez), ventosas (1 vez). https://bibliaparalela.com/hebrew/7307.htm

Elohim), o a espíritus buenos, o malos; y su equivalente en griego es la palabra (Pneuma πνεῦμα).

También tenemos que señalar, que en el hebreo antiguo testamentario; no hay en una palabra específica para **"cuerpo"**; aunque la idea de "cuerpo" está incluida en la palabra hebrea (בָּשָׂר basar); que equivale a **"carne"**.[23] Así que en ocasiones cuando se emplea la palabra carne, para referirse al ser humano (**Génesis 2:23-24; 6:3; 6:12-13; Números 19:7; 2 Samuel 19:13; Job 14:22; 19:20**); evidentemente lo hace sin precisar los diferentes elementos, que involucran a **las sustancias visibles, e invisibles que le componen; y con las que se forma una sola persona, o una unidad (espíritu, alma y cuerpo).**

Si queremos entenderlo así, podemos decir que **la idea más común de "vida", es la que se concibe al contemplar a un ser humano en acción; con todos los elementos y facultades que le distinguen, e integran.** A esta vida en la carne, que se torno temporal; se le relaciona estrechamente, con la sangre de la criatura (Levítico 17:11-14; Deuteronomio 12:23); y se le ve emanando del corazón (Proverbios 4:23).

Note que tanto para los judíos antiguos, y contemporáneos; así como para los cristianos del mundo gentil que vivieron en el primer siglo. La esperanza de resurrección no reside en la inmortalidad de un alma incorpórea, ni de la perpetuidad

---

23   Traducción de la palabra hebrea בָּשָׂר basar. Concordancia Strong 1320: carne, carnes, cuerpo, persona, género humano, genero animal, circuncidada. Se encuentra en el AT 220 veces: https://bibliaparalela. com/hebrew/1320.htm

del espíritu ante la presencia de Dios; sino en la resurrección del cuerpo de carne, con su respectiva alma y espíritu (Daniel 12:2; Ezequiel 37:1-14; Juan 5:21; 11:38-44; Romanos 8:18-23). Por el simple hecho de que el cuerpo es el individuo; así como el alma lo es también. De esta manera se entiende que la resurrección del cuerpo físico (1 Corintios 15; Filipenses 3:20-21) es sinónimo de la resurrección del hombre (1 Tesalonicenses 4:13–17).[24] También el solo concepto de resurrección, implica la reanimación del cuerpo; como lo podemos ver en el pasaje de Lucas 24:36-43; del cual podemos extraer la siguiente realidad enfatizada *"Mirad mis manos y mis pies, que yo mismo soy; palpad, y ved; porque un espíritu no tiene carne ni huesos, como veis que yo tengo (Lucas 24:39).*

Una vez comentado lo anterior, podemos decir; que cuando en la biblia se aborda el tema de la "vida" del ser humano; vamos a notar que en ocasiones se hace una fragmentación, o separación de lo que es su compuesto existencial (Mateo 10:28; Lucas 1:46; 1 Tesalonicenses 5:23; Hebreos 4:12; 2 Corintios 12:2-4). Con el fin de enfatizar las marcadas diferencias, entre; su vida biológica, su vida anímica, y su vida espiritual; destacando las características propias de cada una de esa áreas del ser. Corroboramos esto, recurriendo un poco más a la etimología; en donde encontramos que en griego, hay tres palabras que se traducen como "vida" a nuestro español.

---

24 CUERPO: Estudios Bíblicos. Org – Diccionario Bíblico. El tesoro del saber: https://estudiosbiblicos.org/diccionariobiblico/dictionary/cuerpo/

La primera palabra: Bíos βίος **"Vida"**;[25] de este término griego; proviene la palabra "biología"; y se refiere a la vida física del ser. Se encuentra originalmente los textos de Lucas 8:14; 1 Timoteo 2:2; 2 Timoteo 2:4; 1 Juan 2:16. Debemos de notar que la palabra "Bíos" tiene una referencia implicatoria; con las palabras, griegas **"cuerpo"** (sóma σῶμα)[26], y **"carne"** (sárx σάρξ).[27] Que también encontramos en la biblia; y que a veces se usan indistintamente para hacer referencia al cuerpo físico, o biológico de la persona, así como a sus deficiencias morales.

La segunda palabra: Psujé ψυχή: la traducción más difundida de esta palabra es **"Alma"** (Marcos 8:36; Lucas 10:27; Hechos 2:27); y aparece 104 veces en el Nuevo Testamento. Entre las cuales también **la encontramos traducida como "vida"** en pasajes como: Mateo 2:20; Marcos 3:4; Lucas 12:23; Juan 10:10; Hechos 20:10; Romanos 11:3. Como persona en Hechos 27:37. Como corazón en Efesios 6:6; entre otras definiciones.[28]

La tercera palabra: Zoé ζωή **"vida"**, se implementa para señalar particularmente a la vida **espiritual** (Pneuma πνεῦμα). O sea, la vida increada, eternal, divina; poseída,

---

[25] Bíos βίος Vida (Strong griego #979) https://www.logosklogos.com/strongcodes/979

[26] Sóma σῶμα Cuerpo (Strong griego #4561) https://www.logosklogos.com/strongcodes/4983

[27] Sárx σάρξ Carne (Strong griego #4561) https://www.logosklogos.com/strongcodes/4561

[28] Psujé, ψυχή Alma, Vida, (Strong griego #5590). https://bibliaparalela.com/greek/strongs_5590.htm

sostenida y ministrada exclusivamente por Dios, sobre todo a los que han sido salvados en Jesús. Aparece 135 veces en el Nuevo Testamento en pasajes como Mateo 7:14; Marcos 9:43; Lucas 18:30; Juan 1:4; Hechos 3:15; Romanos 2:7; Filipenses 1:20.[29]

Esta multiplicidad del "ser" es claramente evidente, cuando tomamos en consideración los siguientes pasajes bíblicos; en los que se denota la separación de ese compuesto existencial que nos caracteriza.

1 Tesalonicenses 5

23 Y el mismo Dios de paz os santifique por completo; y **todo vuestro ser, espíritu, alma y cuerpo,** sea guardado irreprensible para la venida de nuestro Señor Jesucristo.

Como podemos ver, aquí se expone; que la entera naturaleza del ser humano; consta de tres elementos, espíritu, alma y cuerpo. Indicándonos con esto, que estas tres partes son distintas la una de la otra. De manera que él cuerpo está separado, y es distinto del alma (Mateo 16:26), así como también el alma está separada, y es distinta del espíritu (Lucas 1:46).

Otro verso que tiene implicaciones similares, en cuanto a hacer diferencia de estos tres elementos que nos componen; es el que encontramos en el siguiente pasaje. En el cual se nos da a entender, que aunque somos un ser comprimido de

---

[29]   Zoé ζωή "vida" espiritual, (Strong griego #2222) https://bibliaparalela. com/greek/2222.htm

tres partes; la palabra de Dios puede partirnos, hasta separar cada una de ellas.

Hebreos 4

[12] Porque la palabra de Dios es viva y eficaz, y más cortante que toda espada de dos filos; y **penetra hasta partir el alma y el espíritu, las coyunturas y los tuétanos,** y discierne los pensamientos y las intenciones del corazón.

Siendo la función de nuestro cuerpo, la de interactuar en la vida y ecosistema del mundo físico. Mientras que el espíritu, el cual está dotado de razón; y se le ve como segunda acepción del alma; funciona como portador del aliento de vida, y como canal para relacionarnos con Dios. Mientras que el alma, es en gran parte la esencia del "Ser"; es quienes somos: nuestra mente, emoción y voluntad; es nuestro perpetuo "YO".

Dicho lo anterior, podemos darnos cuenta de lo difícil que es intentar explicar la esencia de la vida; que compone a la naturaleza tripartita del ser humano.

d) La "vida" vista como **una identidad de la Divinidad***; al notar que a la sustancia de la vida; se le ve personificada con el* **"Padre, Hijo y Espíritu Santo".**

Es menester que nos demos cuenta, de la complejidad del tema; que escudriña lo que es "la vida"; puesto que nos hará ver más allá, de lo imaginado. Porque en las Sagradas Escrituras, el tema que trata de identificar el origen y naturaleza de la sustancia de la vida; no solamente se remite a enfocar a la virtud que provoca la existencia de las criaturas; con un énfasis especial al ser humano. Si no que, también abarca a la identidad y naturaleza de la Divinidad; ¡y ahí! es donde creemos que el tema se vuelve más relevante, y toma su máxima dimensión; cuando **a esta sustancia llamada vida; se le ve personificada** con el "Padre, Hijo y Espíritu Santo".

En Dios radica y se origina la vida, por lo cual; El tiene poder omnímodo sobre cualquier tipo de existencia (Deuteronomio 30:20; 1 Samuel 2:6) y aunque el Hijo vive por el Padre (Juan 6:57); trae con el imputada en sí mismo, los atributos e identidades divinas que distinguen al Padre (Colosenses 2:9); entre ellos la sustancia de la vida (Juan 5:17-29; 11:25-26; 1 Juan 1:1-2) Tornándole en el canal generador, de toda clase de existencia material y espiritual (Juan 1:1-4; Colosenses 1:15-17; Hebreos 1:1-4). En no menos medida, puede estimarse la identidad y acción vivificadora, y creativa; que posee el Espíritu Santo; el cual se ve activo y intrínsecamente aunado a esa sustancia de vida, muy exclusiva de la Divinidad (1 Juan 5:7-12; Juan 6:63; 14:16-19; Salmo 104:30; Job 33:4; Ezequiel 37:3-10); la cual da fuerza de vida a las criaturas creadas.

Aun que a la postre, algunos podrian argumentar que la vida no es un ser; sino más bien una esencia virtuosa que anima a la existencia de todo ser. ¡Si, podemos ver en la biblia de forma muy sugestiva; como a la vida alegóricamente, si se le ve personificada asociándole con la Divinidad! Note algunos textos, que por implicación; nos sugieren esto que estamos aseverando.

Deuteronomio 30
²⁰ amando a Jehová tu Dios, **atendiendo a su voz, y siguiéndole a él; porque él es vida para ti,** y prolongación de tus días; a fin de que habites sobre la tierra que juró Jehová a tus padres, Abraham, Isaac y Jacob, que les había de dar.

Salmos 36
⁹ Porque **contigo está el manantial de la vida;** En tu luz veremos la luz.

1 Juan 1
² (porque **la vida fue manifestada, y la hemos visto, y testificamos, y os anunciamos la vida eterna, la cual estaba con el Padre, y se nos manifestó**);

Juan 11
²⁴ Marta le dijo: Yo sé que resucitará en la resurrección, en el día postrero. ²⁵ Le dijo Jesús: **Yo soy** la resurrección y **la vida;** el que cree en mí, aunque esté muerto, vivirá. ²⁶ Y todo aquel que vive y cree en mí, no morirá eternamente. ¿Crees esto?

1 Juan 5
¹¹ Y este es el testimonio: que **Dios nos ha dado vida eterna; y esta vida está en su**

Hijo. ¹²El que tiene al Hijo, tiene la vida; el que no tiene al Hijo de Dios no tiene la vida.

Colosenses 3

⁴Cuando **Cristo, vuestra vida,** se manifieste, entonces vosotros también seréis manifestados con él en gloria.

Juan 6

⁶³El espíritu es el que da vida; la carne para nada aprovecha; las palabras que yo os he hablado **son espíritu y son vida.**

Romanos 8

²Porque la ley del **Espíritu de vida en Cristo** Jesús me ha librado de la ley del pecado y de la muerte.

Job 33

⁴El **espíritu de Dios me hizo,** y **el soplo del Omnipotente me dio vida.**

Salmos 104

³⁰**Envías tu Espíritu, son creados,** y renuevas la faz de la tierra.

Ezequiel 37

³Y me dijo: Hijo de hombre, ¿vivirán estos huesos? Y dije: Señor Jehová, tú lo sabes. ⁴Me dijo entonces: Profetiza sobre estos huesos, y diles: Huesos secos, oíd palabra de Jehová. ⁵Así

ha dicho Jehová el Señor a estos huesos: He aquí, **yo hago entrar espíritu en vosotros, y viviréis.** ⁶Y pondré tendones sobre vosotros, y haré subir sobre vosotros carne, y os cubriré de piel, y **pondré en vosotros espíritu, y viviréis;** y sabréis que yo soy Jehová. ⁷Profeticé, pues, como me fue mandado; y hubo un ruido mientras yo profetizaba, y he aquí un temblor; y los huesos se juntaron cada hueso con su hueso. ⁸Y miré, y he aquí tendones sobre ellos, y la carne subió, y la piel cubrió por encima de ellos; **pero no había en ellos espíritu.** ⁹**Y me dijo: Profetiza al espíritu, profetiza, hijo de hombre, y di al espíritu: Así ha dicho Jehová el Señor: Espíritu, ven de los cuatro vientos, y sopla sobre estos muertos, y vivirán.** ¹⁰**Y profeticé como me había mandado, y entró espíritu en ellos, y vivieron,** y estuvieron sobre sus pies; un ejército grande en extremo.

Dios poseedor y ministrador de la esencia de vida

Más allá de la identidad de vida que posee la divinidad, en la biblia también expone la obvia potestad que ella (la Trinidad) pose; sobre esa esencia virtuosa que anima a la existencia. Y es por eso que vamos a ver a Dios en la biblia como soberano sobre la vida y a muerte; (Deuteronomio 32:39; 1 Samuel 2:6; Apocalipsis 20:11-15); al ser El, la fuente, y el generador de toda clase y dimensión de vida (1 Timoteo 6:1). La cual se explica en términos claros, y a veces figurados; en los que se ve a la esencia de "vida", que es objeto de nuestro escrutinio; siendo aplicado a las criaturas del Creador por medio de su palabra activa (Génesis 1:20-27; Ezequiel 16:16; Apocalipsis 4:11). Por su aliento de vida (Génesis 2:7; Ezequiel 37:8-9; Job 33:4). En un fruto de vida, (Génesis 3:24; Proverbios 3:13-18; Apocalipsis 2:7; Apocalipsis 22:2). Hay que señalar que la obvia, y estrecha relación que tiene el Padre con el Hijo; al ser partícipe de los atributos divinos que ambos comparten (Juan 14:8-11; Colosenses 1:15-19; Filipenses 2:6; Hebreos 1:3); hace que veamos a Jesucristo, coaccionando con su Padre; en cuanto a la acción de ministrar la vida eterna, a quien él quiere. De ahí que encontremos, una gran cantidad de declaraciones escriturales que mencionan a Jesús; no solo como poseedor de la gloriosa potestad de dar vida, sino también, como su autor y arquitecto (Juan 1:4; 5:21; Hechos 3:15). Ministrando la esencia de la vida en distintas terminologías; como por ejemplo: dando a beber agua de vida (Juan 4:14; Apocalipsis 7:17; Apocalipsis 21:6; Apocalipsis 22:1; Apocalipsis 22:17; Salmos 36:9). O invitando a comerle como pan de vida (Juan 6:34-51). Por la obediencia a su palabra, o mandamientos (Marcos 10:17-20; Hechos 13:46). Otorgando la vida como una herencia (Marcos 10:17; Tito 3:7; Santiago 2:5; Hebreos 6:12; Apocalipsis 21:7; Romanos 8:17). Como un trofeo, o galardón a conquistar (1 Timoteo 6:12-19; Apocalipsis 2:10; Santiago 1:12). Como una promesa (Juan 2:25; Tito 1:2). Como pago por el desempeño de una labor realizada, para el reino de Dios (Juan 6:27; Gálatas 6:8; con Gálatas 5:22-23); etc. etc. etc...

Juan 5
21 Porque como el Padre levanta a los muertos, y les da vida, así también **el Hijo a los que quiere da vida.**

Juan 1
4 **En él estaba la vida**, y la vida era la luz de los hombres.

Hechos 3
15 y matasteis al **Autor de la vida**, a quien Dios ha resucitado de los muertos, de lo cual nosotros somos testigos.

Juan 10
27 Mis ovejas oyen mi voz, y yo las conozco, y me siguen, 28 **y yo les doy**

vida eterna; y no perecerán jamás, ni
nadie las arrebatará de mi mano.

Apocalipsis 2

[10] No temas en nada lo que vas a padecer. He
aquí, el diablo echará a algunos de vosotros en
la cárcel, para que seáis probados, y tendréis
tribulación por diez días. **Sé fiel hasta la
muerte, y yo te daré la corona de la vida.**

Juan 4

[13] Respondió Jesús y le dijo: Cualquiera que
bebiere de esta agua, volverá a tener sed;
[14] mas **el que bebiere del agua que yo le
daré, no tendrá sed jamás; sino que el
agua que yo le daré será en él una fuente
de agua que salte para vida eterna.**

Juan 6

[35] **Jesús les dijo: Yo soy el pan de vida;**
el que a mí viene, nunca tendrá hambre; y
el que en mí cree, no tendrá sed jamás.

Juan 6

[54] **El que come mi carne y bebe mi sangre,
tiene vida eterna; y yo le resucitaré en
el día postrero.** [55] Porque mi carne es
verdadera comida, y mi sangre es verdadera
bebida. [56] El que come mi carne y bebe
mi sangre, en mí permanece, y yo en él.
[57] **Como me envió el Padre viviente, y**

**yo vivo por el Padre, asimismo el que
me come, él también vivirá por mí.**

<u>La tercera pregunta</u> sería: ¿Qué "clase de vida, es esta
corona" que en los pasajes de Santiago 1:12 y Apocalipsis
2:10; se ofrece, a los creyentes esforzados que lo ganan
conforme a su obrar? Ya que Cristo ofrece por su gracia,
la sustancia virtuosa de la "vida eterna"; a las personas que
creen en él. (La pregunta viene de la pagina 144)

Esta larga pregunta, suscita en teoría múltiples respuestas;
que se pueden formular técnicamente, en base a lo ya
analizado en las páginas que hemos sondeado a lo largo
de este tópico. En el que hemos tratado de desentrañar,
el misterio que envuelve a la vida; que como Corona, o
galardón, se ofrece a los creyentes esforzados en los pasajes
de Santiago 1:12 y Apocalipsis 2:10.

Podríamos resumir, que la lista de algunos de los distintos
"conceptos de vida"; que encontramos en la biblia va desde:
a) Concebir la vida, bajo un concepto de vida común;
cuya estructura biológica sea tal como hoy la conocemos.
b) Bajo un concepto de vida anímica-espiritual; donde la
continuación de la existencia, sea en el plano de lo intangible;
algo así como una vida fantasmal. c) Tal vez esta Corona de
Vida, sea un merecido "viva" al cristiano como exclamación
emérita de reconocimiento honorifico, ante las huestes
celestiales (Apocalipsis 3:5). d) Tal vez esa Corona de Vida,
sea la imputación de una nueva, e indestructible naturaleza
ya transformada (1 Corintios 5:1-6; 15:35-54); para en gloria

beber de la vida y presencia de Dios. En la cual el factor tiempo concedido en nuestra previa vida terrena, quede desplazado por la perpetua eternidad e) Y tal vez esta Corona de Vida podría ser la concesión de cierta naturaleza divina, a nuestra naturaleza humana. (Éxodo 7:1; Salmo 82:6; Juan 10:31-36; Romanos 8:29; 2 Corintios 2:3-18). Aunque esta última idea mal concebida, pueda incitar en algunos; cierto desvarió doctrinal. Muy parecido a la corriente de creencias, en cuales se sostiene que cuando un hombre muere; se convierte en protector, en un ángel, o bien en un santo con potestades divinas, algo así como un semidiós.

¿Que será en específico ese galardón prometido (la Corona de la Vida) ante está lista citada? Bien podría ser una cosa, u otra, o algunas de ellas en cierto grado combinadas.

En lo que definitivamente muchos coincidiremos, es que: La "Corona de Vida" es un galardón que obviamente sugiere, que esta presea; posea en ella, la capacidad de suprimir, relevar, o desplazar el factor tiempo; el cual se nos había concedido, en nuestra previa vida común y terrena. Con ella lo mortal será adsorbido (2 Corintios 5:4), para así dar paso a la imputación de de la vida celestial; a nuestra naturaleza transformada a perfección (1 Corintios 15:35-55). Cuya perpetuidad será eterna, infinita, y definitiva; al lado de Dios en un lugar paradisiaco.

Por otro lado nuestra pregunta número tres, también confronta una problemática claramente perceptible.

Por el hecho de que, esa Corona de Vida; esta supuesta a ser entregada en el Tribunal de Cristo; nos explicamos enseguida.

Recuerde que en ese Tribunal el cristiano ya está gozando plenamente de la vida; ha sido transformado; y se ha tornado por entero en un ser inmortal (1 Corintios 15:35-58). Esa esencia de vida que comenzó en él (Juan 3:36; 1 Juan 5:13; Efesios 2:1-5), cuando creyendo en Cristo nació de nuevo (Juan 3:1-12; Tito 3:5); a este punto de la historia ya está en todo su apogeo, y de forma eterna, manifestada en el cuerpo glorificado del creyente. Entonces definitivamente; esa Corona de la Vida, viene a ser un galardón póstumo (2 Timoteo 2:3-7); al evento del rapto. Evento en el cual se devolvió la vida, a los cuerpos muertos de aquellos que esperaron en el Señor.

¿En qué consistirá este galardón? Como hemos resumido en la página anterior: bien podría ser que se trate, de la confirmación de vida eterna ante el Tribunal de Cristo; vida la cual el cristiano ya poseía, cuando se hizo presente en ese tribunal. (1 Corintios 15:51-55). O tal vez sea una virtud extra relacionada con la esencia de la vida. O bien podría ser un énfasis honorifico ante la huestes celestiales (Apocalipsis 3:5; Romanos 2:6-7) o otra cosa.

Nuestra intención es hacer notar al lector, que considere que en distintos pasajes de la Biblia; se le ve a Cristo ofreciendo por su gracia; y no por obras, o meritos humanos; la vida eterna, a los que creen, o tienen fe, en

él (Efesios 2:5-9). **Porque obviamente es diferenciable el: "te he dado" por creerme; al "te daré" si vences.**

Entonces técnicamente es válido preguntarnos *¿Cuál es la diferencia, entre la Corana de la Vida; que como galardón se otorgara a los creyentes, que en su vida terrena se esforzaron por obtenerla; con relación a aquella vida eterna, prometida por gracia, a los que creen en Jesucristo?* Y puesto que las dos, son vida anunciada; a imputar en el creyente ¿podrían ser diferenciables, la una, de la otra? Y sobre todo; si es que fueren dos esencias virtuosas diferentes ¿cómo podrían armonizar ambas vidas, en la naturaleza renovada y eternal del creyente glorificado?

Una respuesta coherente seria: que puesto que no hay ninguna confusión, ni conflicto, en entender que toda clase de vida; ya sea la vida común, o terrena, como la vida eterna. Se originan, y se ministran en, y por la Divinidad misma. Dios es el que otorga la vida, aplicándola, concediéndola, o ampliándola; a quien él quiera. Y El, es el que ha establecido un orden; y un sentido ajustable a su plan y propósitos; por medio del Nuevo Pacto en su Hijo Jesucristo. Dando aquellos que posen vida común, y son adheridos a su Pacto; esa añorada vida eterna. Pero note; que para que esto sea factible, los redimidos deben someterse: a) bajo un orden, b) a un proceso, c) a una condición. O sea:

a) Bajo el orden: de ajustarse al Pacto de Cristo, aquí la persona al llegar a los pies de Cristo; es redimido y lavado

de sus pecados (Tito 3:5-7; 1 Juan 1:7; Apocalipsis 1:5).
Note que es indispensable, que se produzca el milagro del
nuevo nacimiento en la humanidad del creyente (Juan
3:1-8; 1 Pedro 1:3). Con este hecho la persona adquiere
el Espíritu Santo (Juan 14:17-20; Hechos 2:1-4; Santiago
4:5) y en efecto, con ese Espíritu; Cristo ha descendido a
morar en su corazón; y por pura gracia le otorga vida nueva,
a aquel que estaba muerto en delitos y pecados (Efesios 2:1-
5). Esta es la vida del Espíritu de Cristo en nosotros (Efesios
3:16-20, 1 Juan 5:11-12); y si alguien no tiene esa vida, no
es de Cristo (Romanos 8:9). Vea en los siguientes textos
como se describe, que esta vida espiritual en nosotros; es
por la gracia de Cristo, y se le menciona como las arras del
Espíritu (2 Corintios 1:22; 5:5). Ya que es el anticipo, o
enganche de las promesas eternas de Dios a nosotros, y en
nosotros; la cual puede potenciarse alargándose hasta la
eternidad.

Romanos 5
²¹ para que así como el pecado reinó
para muerte, así también **la gracia
reine por la justicia para vida eterna
mediante Jesucristo, Señor nuestro.**

Romanos 8
⁹ Mas vosotros **no vivís según la carne,
sino según el Espíritu,** si es que el Espíritu
de Dios mora en vosotros. Y **si alguno no
tiene el Espíritu de Cristo, no es de él.**

Juan 3

[36] **El que cree en el Hijo tiene vida eterna;** pero el que rehúsa creer en el Hijo no verá la vida, sino que la ira de Dios está sobre él.

Juan 10

[27] Mis ovejas oyen mi voz, y yo las conozco, y me siguen, [28] **y yo les doy vida eterna;** y no perecerán jamás, ni nadie las arrebatará de mi mano.

1 Juan 5

[13] Estas cosas os he escrito a vosotros que creéis en el nombre del Hijo de Dios, para que **sepáis que tenéis vida eterna, y para que creáis en el nombre del Hijo de Dios.**

Juan 14

[17] el Espíritu de verdad, al cual el mundo no puede recibir, porque no le ve, ni le conoce; pero vosotros le conocéis, **porque mora con vosotros, y estará en vosotros.** [18] No os dejaré huérfanos; vendré a vosotros. [19] Todavía un poco, y el mundo no me verá más; pero vosotros me veréis; porque yo vivo, vosotros también viviréis. [20] **En aquel día vosotros conoceréis que yo estoy en mi Padre, y vosotros en mí, y yo en vosotros.**

2 Corintios 1

²¹ Y el que nos confirma con vosotros en Cristo, y **el que nos ungió, es Dios,** ²² **el cual también nos ha sellado, y nos ha dado las arras del Espíritu** en nuestros corazones.

Juan 17

³ Y **esta es la vida eterna**: que te conozcan a ti, el único Dios verdadero, y a Jesucristo, a quien has enviado.

Efesios 2

¹ **Y él os dio vida a vosotros, cuando estabais muertos en vuestros delitos y pecados,** ² en los cuales anduvisteis en otro tiempo, siguiendo la corriente de este mundo, conforme al príncipe de la potestad del aire, el espíritu que ahora opera en los hijos de desobediencia, ³ entre los cuales también todos nosotros vivimos en otro tiempo en los deseos de nuestra carne, haciendo la voluntad de la carne y de los pensamientos, y éramos por naturaleza hijos de ira, lo mismo que los demás. ⁴ Pero Dios, que es rico en misericordia, por su gran amor con que nos amó, ⁵ **aun estando nosotros muertos en pecados, nos dio vida juntamente con Cristo (por gracia sois salvos)**

2 Corintios 5

[1] Porque sabemos que si nuestra morada terrestre, este tabernáculo, se deshiciere, tenemos de Dios un edificio, una casa no hecha de manos, eterna, en los cielos. [2] Y por esto también gemimos, deseando ser revestidos de aquella nuestra habitación celestial; [3] pues así seremos hallados vestidos, y no desnudos. [4] **Porque asimismo los que estamos en este tabernáculo gemimos con angustia; porque no quisiéramos ser desnudados, sino revestidos, para que lo mortal sea absorbido por la vida.** [5] Mas el que nos hizo para esto mismo es **Dios, quien nos ha dado las arras del Espíritu.** [6] Así que vivimos confiados siempre, y sabiendo que entre tanto que estamos en el cuerpo, estamos ausentes del Señor

Tito 3

[5] **nos salvó, no por obras de justicia que nosotros hubiéramos hecho, sino por su misericordia, por el lavamiento de la regeneración y por la renovación en el Espíritu Santo,** [6] el cual derramó en nosotros abundantemente por Jesucristo nuestro Salvador, [7] para que justificados por su gracia, viniésemos a ser herederos conforme a la esperanza de la vida eterna.

El contenido de las frases que se nos exponen en estos pasajes, evidentemente nos aseguran; que desde el mismo día que el cristiano fue redimido; adquirió la vida eterna que Cristo ofrece. Así que ahora tiene que aferrarse a ella hasta su completa conquista (Apocalipsis 2:10; Santiago 1:12). En esto tiene mucho sentido el argumento a exponer, en la página que sigue.

b) **Bajo un proceso:** A continuación el cristiano debe someterse a un proceso: de comportamiento, que conlleva una carrera de fe; que como nueva criatura tiene que vivir por el resto de su existencia. Ajustándose a los términos y reglas que Cristo expone en su Nuevo Pacto. Entendamos que el Pacto de Gracia, no exime de responsabilidades, a todo aquel; que a él, se adhiere (Juan 8:11; Hechos 2:40; Hebreos 12:14). Para el cristiano a comenzado una etapa, en la que debe crecer secuencialmente, en fe, en gracia, y en el conocimiento de su Señor y Dios (1 Pedro 2:2; Filipenses 1:9-11). Debe servirle y honrarle con sus actos porque para él, *"el vivir es Cristo y el morir es ganancia"* (Filipenses 1:21-30); en su travesía por este mundo, sus santas acciones y palabras; lo convierten en un promotor del Evangelio (Mateo 28:18-20; Marcos 16:15-18; Hechos 1:6-9; Mateo 5:20)

Romanos 6
²² Mas **ahora que habéis sido libertados del pecado y hechos siervos de Dios, tenéis por vuestro fruto la santificación, y como fin, la vida eterna.** ²³ Porque la paga del

pecado es muerte, mas la dádiva de Dios es vida eterna en Cristo Jesús Señor nuestro.

1 Pedro 2

[1] Desechando, pues, toda malicia, todo engaño, hipocresía, envidias, y todas las detracciones, **[2] desead, como niños recién nacidos, la leche espiritual no adulterada, para que por ella crezcáis para salvación,**

Juan 6

[27] Trabajad, no por la comida que perece, sino por la comida que a vida eterna permanece, la cual el Hijo del Hombre **os dará**; porque a éste señaló Dios el Padre.

Mateo 28

[19] Por tanto, **id, y haced discípulos a todas las naciones, bautizándolos en el nombre del Padre, y del Hijo, y del Espíritu Santo;** [20]**enseñándoles que guarden todas las cosas que os he mandado**; y he aquí yo estoy con vosotros todos los días, hasta el fin del mundo. Amén.

Juan 15

[1]Yo soy la vid verdadera, y mi Padre es el labrador. **[2] Todo pámpano que en mí no lleva fruto, lo quitará; y todo aquel que lleva fruto, lo limpiará, para que lleve más fruto.** [3]Ya vosotros estáis limpios por la palabra que os he

hablado. ⁴Permaneced en mí, y yo en vosotros. **Como el pámpano no puede llevar fruto por sí mismo, si no permanece en la vid, así tampoco vosotros, si no permanecéis en mí.** ⁵Yo soy la vid, vosotros los pámpanos; **el que permanece en mí, y yo en él, éste lleva mucho fruto; porque separados de mí nada podéis hacer.** ⁶El que en mí no permanece, será echado fuera como pámpano, y se secará; y los recogen, y los echan en el fuego, y arden. ⁷Si permanecéis en mí, y mis palabras permanecen en vosotros, pedid todo lo que queréis, y os será hecho. ⁸**En esto es glorificado mi Padre, en que llevéis mucho fruto, y seáis así mis discípulos.**

Mateo 5

²⁰Porque os digo que **si vuestra justicia no fuere mayor** que la de los escribas y fariseos, **no entraréis en el reino de los cielos.**

Filipenses 3

⁷Pero cuantas cosas eran para mí ganancia, las he estimado como pérdida por amor de Cristo. ⁸Y ciertamente, aun estimo todas las cosas como pérdida por la excelencia del conocimiento de Cristo Jesús, mi Señor, por amor del cual lo he perdido todo, y lo tengo por basura, para ganar a Cristo, ⁹y ser hallado en él, no teniendo mi propia justicia, que es por la ley, sino la que es por la fe de Cristo, la justicia que es de Dios

por la fe; ¹⁰ **a fin de conocerle, y el poder de su resurrección,** y la participación de sus padecimientos, llegando a ser semejante a él en su muerte, ¹¹ **si en alguna manera llegase a la resurrección de entre los muertos.** ¹² **No que lo haya alcanzado ya, ni que ya sea perfecto; sino que prosigo, por ver si logro asir aquello para lo cual fui también asido por Cristo Jesús.** ¹³ **Hermanos, yo mismo no pretendo haberlo ya alcanzado; pero una cosa hago: olvidando ciertamente lo que queda atrás, y extendiéndome a lo que está delante,** ¹⁴ **prosigo a la meta, al premio del supremo llamamiento de Dios en Cristo Jesús.**

c) Bajo una condición: El cristiano nacido de nuevo es libre del pecado, del diablo, y de la muerte; y se le condiciona: a vivir bajo los términos del espíritu, venciendo cada día los apetitos de su carne; se le dice: *"porque si vivís conforme a la carne, moriréis; mas si por el Espíritu hacéis morir las obras de la carne, viviréis"* (Romanos 8:13). Y aunque en efecto, tiene nueva vida administrada por Cristo a su ser (Juan 10:27-28); se le advierte que si vuelve a enredarse en las contaminaciones del mundo, será vencido y su postrer estado será peor que el primero; y que al volverse atrás del santo mandamiento que le fue dado; será como el perro que vuelve a su vomito, y como la puerca lavada que retorna a revolcarse en el cieno (2 Pedro 2:20-22). Para el redimido, la vida pasajera se torna en un peregrinaje, rumbo a su destino prometido (Hebreos 11:10-16; Juan 15:19-20; 17:14-16)). En ese sentido el apóstol Pedro escribió: *"Amados, yo os ruego como a extranjeros y peregrinos, que os abstengáis de los deseos carnales que batallan contra el alma,* **(1 Pedro 2:11)**. Transitar por este mundo, es para el redimido el tiempo de su prueba (1 Pedro 1:6-7). Son los días de su milicia en el reino de Dios (1 Timoteo 6:12; 2 Timoteo 2:3-7); es la época en la que debe combatir contra el pecado hasta la sangre. (Hebreos 12:1-25). El ejercicio de resistir las tentaciones y las pruebas; hasta límites tan extremos, como ir a la muerte literal a fin de alcanzar la vida eterna; es algo muy propio de la carrera del evangelio, y no se limita a los textos de Santiago 1:12; y Apocalipsis 2:10; esto es corroborado en pasajes como los siguientes. Note:

Hebreos 12

¹ Por tanto, nosotros también, teniendo en derredor nuestro tan grande nube de testigos, despojémonos de todo peso y del pecado que nos asedia, y corramos con paciencia la carrera que tenemos por delante, ² puestos los ojos en Jesús, el autor y consumador de la fe, el cual por el gozo puesto delante de él sufrió la cruz, menospreciando el oprobio, y se sentó a la diestra del trono de Dios. ³ **Considerad a aquel que sufrió tal contradicción de pecadores contra sí mismo, para que vuestro ánimo no se canse hasta desmayar.** ⁴ **Porque aún no habéis resistido hasta la sangre, combatiendo contra el pecado;**

Mateo 24

¹³ Mas **el que persevere hasta el fin, éste será salvo.**

Judas 21

²¹ conservaos en el amor de Dios, **esperando la misericordia de nuestro Señor Jesucristo para vida eterna.**

1 Timoteo 6

¹² Pelea la buena batalla de la fe, **echa mano de la vida eterna, a la cual asimismo fuiste llamado,** habiendo hecho la buena profesión delante de muchos testigos.

2 Timoteo 2

³ Tú, pues, **sufre penalidades como buen soldado de Jesucristo. ⁴ Ninguno que milita se enreda en los negocios de la vida, a fin de agradar a aquel que lo tomó por soldado.** ⁵ Y también el que lucha como atleta, no es coronado si no lucha legítimamente. ⁶ El labrador, para participar de los frutos, debe trabajar primero. ⁷ Considera lo que digo, y el Señor te dé entendimiento en todo.

2 Timoteo 3

¹⁰ Pero tú has seguido mi doctrina, conducta, propósito, fe, longanimidad, amor, paciencia, ¹¹ **persecuciones, padecimientos, como los que me sobrevinieron en Antioquía, en Iconio,**

en Listra; persecuciones que he sufrido, y de todas me ha librado el Señor. ¹² Y también todos los que quieren vivir piadosamente en Cristo Jesús padecerán persecución;

2 Pedro 2

²⁰ Ciertamente, si habiéndose ellos escapado de las contaminaciones del mundo, por el conocimiento del Señor y Salvador Jesucristo, **enredándose otra vez en ellas son vencidos, su postrer estado viene a ser peor que el primero.** ²¹ Porque mejor les hubiera sido no haber conocido el camino de la justicia, que después de haberlo conocido, volverse atrás del santo mandamiento que les fue dado. ²² Pero les ha acontecido lo del verdadero proverbio: El perro vuelve a su vómito, y la puerca lavada a revolcarse en el cieno.

Marcos 10

²⁸ Entonces Pedro comenzó a decirle: He aquí, nosotros **lo hemos dejado todo, y te hemos seguido.** ²⁹ Respondió Jesús y dijo: De cierto os digo que no hay ninguno que haya dejado casa, o hermanos, o hermanas, o padre, o madre, o mujer, o hijos, o tierras, por causa de mí y del evangelio, ³⁰ que no reciba cien veces más ahora en este tiempo; casas, hermanos, hermanas, madres, hijos, y tierras, con persecuciones; **y en el siglo venidero la vida eterna.**

Mateo 16

²⁴ Entonces Jesús dijo a sus discípulos: Si alguno quiere venir en pos de mí, niéguese a sí mismo, y tome su cruz, y sígame. ²⁵ Porque todo el que quiera salvar su vida, la perderá; **y todo el que pierda su vida por causa de mí, la hallará.**

Hechos 21

¹³ Entonces Pablo respondió: ¿Qué hacéis llorando y quebrantándome el corazón? **Porque yo estoy dispuesto no sólo a ser atado, más aun a morir en Jerusalén por el nombre del Señor Jesús.** ¹⁴ Y como no le pudimos persuadir, desistimos, diciendo: Hágase la voluntad del Señor.

Juan 12

²⁵ El que ama su vida, la perderá; y **el que aborrece su vida en este mundo, para vida eterna la guardará.**

Marcos 8

³⁵ Porque todo el que quiera salvar su vida, la perderá; y **todo el que pierda su vida por causa de mí y del evangelio, la salvará.**

Mateo 25

⁴⁴ Entonces también ellos le responderán diciendo: Señor, ¿cuándo te vimos hambriento, sediento, forastero, desnudo, enfermo, o en la cárcel, y no te servimos?

⁴⁵ Entonces les responderá diciendo: De cierto os digo que en cuanto no lo hicisteis a uno de estos más pequeños, tampoco a mí lo hicisteis. ⁴⁶ E irán éstos al castigo eterno, y los justos a la vida eterna.

1 Corintios 10

¹ **Porque no quiero, hermanos, que ignoréis** que nuestros padres todos estuvieron bajo la nube, y todos pasaron el mar; ² y todos en Moisés fueron bautizados en la nube y en el mar, ³ y todos comieron el mismo alimento espiritual, ⁴ y todos bebieron la misma bebida espiritual; porque bebían de la roca espiritual que los seguía, y la roca era Cristo. ⁵ **Pero de los más de ellos no se agradó Dios; por lo cual quedaron postrados en el desierto. ⁶ Mas estas cosas sucedieron como ejemplos para nosotros,** para que no codiciemos cosas malas, como ellos codiciaron. ⁷ Ni seáis idólatras, como algunos de ellos, según está escrito: Se sentó el pueblo a comer y a beber, y se levantó a jugar. ⁸ Ni forniquemos, como algunos de ellos fornicaron, y cayeron en un día veintitrés mil. ⁹ Ni tentemos al Señor, como también algunos de ellos le tentaron, y perecieron por las serpientes. ¹⁰ Ni murmuréis, como algunos de ellos murmuraron, y perecieron por el destructor. ¹¹ Y estas cosas les acontecieron como ejemplo, y están escritas para amonestarnos

a nosotros, a quienes han alcanzado los fines de los siglos. **¹² Así que, el que piensa estar firme, mire que no caiga. ¹³ No os ha sobrevenido ninguna tentación que no sea humana; pero fiel es Dios, que no os dejará ser tentados más de lo que podéis resistir, sino que dará también juntamente con la tentación la salida, para que podáis soportar.**

1 Pedro 1

³ Bendito el Dios y Padre de nuestro Señor Jesucristo, que según su grande misericordia **nos hizo renacer para una esperanza viva, por la resurrección de Jesucristo de los muertos, ⁴ para una herencia incorruptible, incontaminada e inmarcesible, reservada en los cielos para vosotros, ⁵** que sois guardados por el poder de Dios mediante la fe, para alcanzar la salvación que está preparada para ser manifestada en el tiempo postrero. **⁶ En lo cual vosotros os alegráis, aunque ahora por un poco de tiempo, si es necesario, tengáis que ser afligidos en diversas pruebas, ⁷ para que sometida a prueba vuestra fe, mucho más preciosa que el oro, el cual aunque perecedero se prueba con fuego, sea hallada en alabanza, gloria y honra cuando sea manifestado Jesucristo, ⁸** a quien amáis sin haberle visto, en quien creyendo, aunque ahora no lo veáis, os alegráis con gozo inefable y glorioso; ⁹ **obteniendo el fin de vuestra fe, que es la salvación de vuestras almas.**

Romanos 6

¹ ¿Qué, pues, diremos? ¿Perseveraremos en el pecado para que la gracia abunde? ² En ninguna manera. Porque los que hemos muerto al pecado, ¿cómo viviremos aún en él? ³ ¿O no sabéis que todos los que hemos sido bautizados en Cristo Jesús, hemos sido bautizados en su muerte? ⁴Porque somos sepultados juntamente con él para muerte por el bautismo, a fin de que como Cristo resucitó de los muertos por la gloria del Padre, así también nosotros andemos en vida nueva. ⁵ **Porque si fuimos plantados juntamente con él en la semejanza de su muerte, así también lo seremos en la de su resurrección;** ⁶ sabiendo esto, que nuestro viejo hombre fue crucificado juntamente con él, para que el cuerpo del pecado sea destruido, a fin de que no sirvamos más al pecado. ⁷Porque el que ha muerto, ha sido justificado del pecado.

⁸ **Y si morimos con Cristo, creemos que también viviremos con él;** ⁹ sabiendo que Cristo, habiendo resucitado de los muertos, ya no muere; la muerte no se enseñorea más de él. ¹⁰ Porque en cuanto murió, al pecado murió una vez por todas; mas en cuanto vive, para Dios vive. ¹¹ **Así también vosotros consideraos muertos al pecado, pero vivos para Dios en**

Cristo Jesús, Señor nuestro. ¹²No reine, pues, el pecado en vuestro cuerpo mortal, de modo que lo obedezcáis en sus concupiscencias; ¹³ni tampoco presentéis vuestros miembros al pecado como instrumentos de iniquidad, sino presentaos vosotros mismos a Dios como vivos de entre los muertos, y vuestros miembros a Dios como instrumentos de justicia. ¹⁴Porque el pecado no se enseñoreará de vosotros; pues no estáis bajo la ley, sino bajo la gracia. ¹⁵¿Qué, pues? ¿Pecaremos, porque no estamos bajo la ley, sino bajo la gracia? En ninguna manera. ¹⁶¿No sabéis que si os sometéis a alguien como esclavos para obedecerle, sois esclavos de aquel a quien obedecéis, sea del pecado para muerte, o sea de la obediencia para justicia? ¹⁷Pero gracias a Dios, que aunque erais esclavos del pecado, habéis obedecido de corazón a aquella forma de doctrina a la cual fuisteis entregados; ¹⁸y libertados del pecado, vinisteis a ser siervos de la justicia. ¹⁹Hablo como humano, por vuestra humana debilidad; que así como para iniquidad presentasteis vuestros miembros para servir a la inmundicia y a la iniquidad, así ahora para santificación presentad vuestros miembros para servir a la justicia. ²⁰Porque cuando erais esclavos del pecado, erais libres acerca de la justicia. ²¹¿Pero qué fruto teníais de aquellas cosas de las cuales ahora os avergonzáis? Porque el fin de ellas es muerte. **²²Mas ahora que habéis sido libertados del pecado y hechos siervos de Dios, tenéis por vuestro fruto la santificación, y como fin, la vida eterna.** ²³Porque la paga del pecado es muerte, mas la dádiva de Dios es vida eterna en Cristo Jesús Señor nuestro.

Hebreos 12

¹⁴Seguid la paz con todos, y la santidad, sin la cual nadie verá al Señor. ¹⁵Mirad bien, no sea que alguno deje de alcanzar la gracia de Dios; que brotando alguna raíz de amargura, os estorbe, y por ella muchos sean contaminados; ¹⁶no sea que haya algún fornicario, o profano, como Esaú, que por una sola comida vendió su primogenitura. ¹⁷Porque ya sabéis que aun después, deseando heredar la bendición, fue desechado, y no hubo oportunidad para el arrepentimiento, aunque la procuró con lágrimas. ¹⁸Porque no os habéis acercado al monte que se podía palpar, y que ardía en fuego, a la oscuridad, a las tinieblas y a la tempestad, ¹⁹al sonido de la trompeta, y a la voz que hablaba, la cual los que la oyeron rogaron que no se les hablase más, ²⁰porque no podían soportar lo que se ordenaba: Si aun una bestia tocare el monte, será apedreada, o pasada con dardo; ²¹y tan terrible era lo que se veía, que Moisés dijo: Estoy espantado y temblando; ²²sino que os habéis acercado al monte de Sion, a la ciudad del Dios vivo, Jerusalén la celestial, a la compañía de muchos millares de ángeles, ²³ a la congregación de los primogénitos que están inscritos en los cielos, a Dios el Juez de todos, a los espíritus de los justos hechos perfectos, ²⁴ a Jesús el Mediador del nuevo pacto, y a la sangre rociada que habla mejor que la de Abel. ²⁵ Mirad que no desechéis al que habla. **Porque si no escaparon aquellos que desecharon al que los amonestaba en la tierra, mucho menos nosotros, si desecháremos al que amonesta desde los cielos.**

Romanos 2

⁶ el cual pagará a cada uno conforme a sus obras: **⁷ vida eterna a los que, perseverando en bien hacer, buscan gloria y honra e inmortalidad,**

Apocalipsis 12

¹⁰ Entonces oí una gran voz en el cielo, que decía: Ahora ha venido la salvación, el poder, y el reino de nuestro Dios, y la autoridad de su Cristo; porque ha sido lanzado fuera el acusador de nuestros hermanos, el que los acusaba delante de nuestro Dios día y noche. ¹¹ Y ellos le han vencido por medio de la sangre del Cordero y de la palabra del testimonio de ellos, **y menospreciaron sus vidas hasta la muerte.**

Ultima reflexión acerca del galardón de la Vida Eterna

Ante la idea de vivir por siempre, en gloria al lado del Padre; el sentido de la vida común, se ve desplazada y expandida hasta desbordarse por el infinito eterno. Llegado a dejar inconcluso, el fin del la existencia; porque en esa dimensión eterna, en realidad el fin no existe.

Aunque lo que se nos describe en las sagradas escrituras, podría darnos una orientación, o idea; de cómo será nuestra existencia en la nueva creación que Dios esta articulando; para aquellos que venciendo han sido coronados con la vida eterna (Apocalipsis 20:1-27; 21:1-7; Juan 14:1-3) Hay un punto donde nuestro pensamiento, no alcanza; ni siquiera a imaginar; lo que habrá después de que el plan de Dios se haya concretado (1 Corintios 2:9; 2 Corintios 12:4). Porque la naturaleza, y el orden de cosas que nos esperan en la gloria al lado del Padre; dejaran eclipsados hasta su desaparición; toda la naturaleza, el orden, valor, costumbres, y sentido de la vida; que temporalmente vivimos en esta tierra.

Isaías 65
¹⁷ Porque he aquí que yo crearé nuevos cielos
y nueva tierra; y de lo primero no habrá
memoria, ni más vendrá al pensamiento.

Para experimentar la vida eterna, los creyentes no tienen que esperar hasta el día del arrebatamiento; o hasta que se concrete la llegada de los nuevos cielos y nueva tierra prometidos por Dios. Porque la clase de vida eterna, que Dios otorga a los suyos; no es algo que comienza cuando se muere el cuerpo. Más bien, esta clase de la vida eterna; empieza en el momento en que una persona al ejercitar su fe en Cristo; se produce en él, el milagro del nuevo nacimiento. De esta manera el enfoque de la vida eterna no está en su futuro, sino en su posición actual en Cristo. (Juan 3:36; 5:24; 6:47; Colosense 3:1-4). La resurrección corporal es solo el triunfo definitivo de la vida sobre la muerte física (1 Corintios 15:54; Apocalipsis 20:6: 20:11-14)

Otros galardones

Recuerde que la entrega de estas coronas y demás galardones, a otorgarse en el Tribunal de Cristo; están condicionados al esfuerzo y calidad de las obras de las personas que serán meritorias de los tales. En este último segmento de nuestro documento, solo vamos analizar algunas de esas preseas. Y como lo hemos visto en los casos pasados, en estos nuevos casos también se puede observar; como algunos de estos galardones, al parecer en alguna medida; ya están activos y en el cristiano, aun antes de su llagada al Tribunal de Cristo. Sin embargo, acá se miran como que esas insignias, se habrán de otorgar hasta al final de la carrera. Esto hace que nuestras convicciones y fe, se fortalezcan aun mas; porque si hoy podemos sentir, el poder del Espíritu de Dios en nosotros; y estamos gozando del sus ricos Dones. ¿Qué será, o cual será; nuestro gozo y gloria, cuando estos dones, que son temporales; sean desplazados, por lo más perfecto y eterno? (Corintios 3:5-11).

1 Corintios 13

¹ Si yo hablase lenguas humanas y angélicas, y no tengo amor, **vengo a ser como metal que resuena**, o címbalo que retiñe. ² Y si tuviese profecía, y entendiese todos los misterios y toda ciencia, y si tuviese toda la fe, de tal manera que trasladase los montes, y no tengo amor, **nada soy**. ³ Y si repartiese todos mis bienes para dar de comer a los pobres, y si entregase mi cuerpo

para ser quemado, y no tengo amor, **de nada me sirve.** ⁴El amor es sufrido, es benigno; el amor no tiene envidia, el amor no es jactancioso, no se envanece; ⁵no hace nada indebido, no busca lo suyo, no se irrita, no guarda rencor; ⁶no se goza de la injusticia, mas se goza de la verdad. ⁷Todo lo sufre, todo lo cree, todo lo espera, todo lo soporta. ⁸El amor nunca deja de ser; **pero las profecías se acabarán, y cesarán las lenguas, y la ciencia acabará. ⁹Porque en parte conocemos, y en parte profetizamos; ¹⁰mas cuando venga lo perfecto, entonces lo que es en parte se acabará.** ¹¹Cuando yo era niño, hablaba como niño, pensaba como niño, juzgaba como niño; mas cuando ya fui hombre, dejé lo que era de niño. ¹²Ahora vemos por espejo, oscuramente; mas entonces **veremos cara a cara.** Ahora conozco en parte; pero entonces **conoceré como fui conocido.**

El que venciere será inmune a la muerte segunda

Apocalipsis 2

[10] No temas en nada lo que vas a padecer. He aquí, el diablo echará a algunos de vosotros en la cárcel, para que seáis probados, y tendréis tribulación por diez días. Sé fiel hasta la muerte, y yo te daré la corona de la vida. [11] El que tiene oído, oiga lo que el Espíritu dice a las iglesias. **El que venciere, no sufrirá daño de la segunda muerte**

El estado de los que mueren

Cuando llega el momento de la muerte[30] al ser humano, todo su ser, sufre un cambio radical, en su entera, naturaleza. La muerte física se produce en el momento en que el alma se separa del cuerpo. El cuerpo va al polvo de donde fue tomado (Génesis 2:7; 3:19); y el alma pasa al estado intermedio (Lucas 16:19-31). En cuanto al espíritu, el pasaje de Eclesiastés 12:7 dice: *"y el polvo vuelva a la tierra, como era, y el espíritu vuelva a Dios que lo dio"*. Y así reposara el ser hasta el día del arrebatamiento, en el caso del los salvos en Cristo; o hasta el día del juicio final, en el caso del resto de la generalidad de los humanos que vivieron en toda época. Para así dar paso a la segunda muerte, y sus desbastadores efectos; que a ese punto de la historia ya tendría anticipadamente (mil años antes) dentro de sus fauces; al anticristo y al falso profeta (Apocalipsis 19:20).

Lastimosamente, existen muchas corrientes de pensamiento religioso; que utilizan erróneamente la Biblia; para negar la existencia de un lugar de reposo y otro de tormento; como destino de las personas que mueren. Estas organizaciones se parecen mucho a la secta de los saduceos, contemporánea a la época de Jesús; estas personas negaban la resurrección de los muertos (Mateo 22:23-33; Hechos 23:8); y la existencia

---

[30]   Muerte
- *El concepto de Muerte física: Es el cese de comunicación entre el conocimiento y el cuerpo humano*
- *El concepto de Muerte espiritual: Es el cese de comunicación o la separación entre el hombre Dios, el cual es el dador de la vida*

del infierno. Para saber cuál es la verdad acerca de la primera y segunda muerte; así como el estado de las personas que se encuentran en sus dominios, entonces; hay que ir a consultar con diligencia la Palabra de Dios.

La Muerte "El rey de los terrores"

A través del tiempo la muerte; ha tenido una influencia tremenda en el ser humano. Terror es una de las expresiones que provoca la sola idea de dejar de existir; por ello a la muerte se le conceptúa como el rey de los terrores (Romanos 5:12-14). Como un tirano que arranca el alma de los cuerpos; asociado con demonios y espíritus errantes, que asustan y atormentan al viviente. Debido a que todo humano tiene una cita con la muerte, este tema provoca ansiedad y confusión en todos. Por lo cual, el conocer la verdad acerca de lo que acontece al ser humano cuando muere; y entra a la eternidad, se convierte en una enorme necesidad. Muchísimo se puede decir acerca de la primera muerte, de la cual hoy mucho conocemos; y de la cual tenemos una solida noción. Tanto por la experiencia secular, que se genera al ver a las personas que han muerto a nuestro alrededor; como por el conocimiento sacro escritural que hemos adquirido. A esa clase de muerte se le conoce como **"el estado intermedio"**. Porque es el estatus en el cual, al alma del muerto se le remite; por el periodo que media entre la vida física, y la vida de resurrección. A la primera muerte se le ha personificado entre otras formas, con un ser descarnado; con el jinete del caballo amarillo de Apocalipsis 6:8. Como socio del Diablo (Hebreos 10:14). Como un enemigo conquistado (2 Timoteo 1:10; Apocalipsis 1:17). Como un instrumento y potestad de Dios (1 Samuel 2:6; Lucas 12:4; Juan 17:2).

Romanos 5

¹⁴No obstante, **reinó la muerte** desde Adán
hasta Moisés, aun en los que no pecaron
a la manera de la transgresión de Adán, el
cual es figura del que había de venir.

Apocalipsis 6

⁸Miré, y he aquí un caballo amarillo, y
**el que lo montaba tenía por nombre
Muerte,** y el Hades le seguía; y le fue dada
potestad sobre la cuarta parte de la tierra,
para matar con espada, con hambre, con
mortandad, y con las fieras de la tierra.

Hebreos 10

¹⁴Así que, por cuanto los hijos participaron
de carne y sangre, él también participó
de lo mismo, para destruir por medio
de la muerte **al que tenía el imperio
de la muerte, esto es, al diablo,
La promesa de inmunidad
ante la muerte segunda**

Apocalipsis 2

¹⁰,„„„„„„ Sé fiel hasta la muerte, y yo te daré la
corona de la vida. ¹¹El que tiene oído, oiga lo que
el Espíritu dice a las iglesias. **El que venciere,
no sufrirá daño de la segunda muerte**

La promesa al vencedor de que **"no sufrirá daño de la
segunda muerte"**; esta directamente conectada con la

promesa, de que al cristiano fiel; se le otorgara **la corona de vida,** que precisamente ya hemos tenido la oportunidad de sondear. Digamos que la expresión **"no sufrirá daño de la segunda muerte";** aunque difiere del **"te daré la corona de la vida";** es en esencia la misma promesa. Porque el contraste de la muerte, es la vida. Aunque en este texto, la vida que se menciona; no es la vida terrena, o temporal del cristiano; sino la vida eterna. Igualmente la muerte que aquí se menciona, no es la muerte que nos conduce al polvo (Génesis 3:19); con la cual estamos asociados; y como humanos temporales, a su momento todos deberemos de experimentar. Esa muerte primera, difiere con creces; en comparación de la muerte postrera. Acerca del origen, y de la función de la primera muerte; hay una enorme cantidad de textos en la biblia, que abordan a detalle; la causa, los efectos, tormentos y letalidad de ella (Romanos 5:12; Lucas 16:19-31). Sin embargo, acerca de los horrores de la muerte postrera; hay cuatro textos que la abordan directamente (Apocalipsis 2:11; 20:6; 20:14; 21:8), y varios que lo hacen indirectamente (Mateo 25:31; Juan 5:27-29; Judas 1:12; Apocalipsis 19:20). De la muerte primera, digamos que las personas si se pueden escapar; ahí están los casos de distintas resurrecciones (Lucas 7:11-17; Juan 11:38-44; Hechos 2:24); como también el caso del Arrebatamiento de la Iglesia (1 Corintios 15:51-57); y el de la primera resurrección antes del milenio (Apocalipsis 20:5-6). Y en base a los escritos bíblicos, vemos que tanto las personas normales que vivan durante el milenio; como las malas de todos los tiempos; habrán de resucitar para ser juzgados por Dios, en el juicio del Gran Trono blanco (Daniel 12:2; Mateo 25:31; Juan 5:27-29; Apocalipsis

20:11-15). **Una vez juzgadas las personas que murieron en sus pecados, y sin Cristo; serán condenados a morir por segunda vez; esa es la segunda muerte.**

En cuanto a la muerte postrera, se nos da a entender que; el que caiga en sus dominios "jamás podrá escapar". Descrita como un **"Lago de Fuego"**, la segunda muerte es tan avasalladora, y terrible; que la primera muerte, el diablo, los ángeles caídos, el inframundo (Hades o Seol); y cada persona que no esté incluida en el libro de la vida, serán arrojados a ella (Apocalipsis 20:10-15). Un sonado adjetivo que hace referencia a la segunda muerte es "el Infierno". Ese es el destino final, de los malos, en donde será su lloro y su crujir de dientes; atormentados por los gusanos que no mueren, y por llamas eternas que nunca se apagaran (Isaías 14:11; Mateo 13:40-50; Marcos 9:43-48).

Apocalipsis 20
⁶ Bienaventurado y santo **el que tiene parte en la primera resurrección; la segunda muerte no tiene potestad sobre éstos,** sino que serán sacerdotes de Dios y de Cristo, y reinarán con él mil años.

Apocalipsis 20
¹⁴ Y la muerte y el Hades fueron lanzados al **lago de fuego. Esta es la muerte segunda.**

Apocalipsis 21
⁸ Pero los cobardes e incrédulos, los abominables y homicidas, los fornicarios y hechiceros,

los idólatras y todos los mentirosos tendrán
su parte en **el lago que arde con fuego
y azufre, que es la muerte segunda.**

Juan 5

[27] y también le dio autoridad de hacer juicio,
por cuanto es el Hijo del Hombre. [28] No os
maravilléis de esto; porque vendrá hora cuando
todos los que están en los sepulcros oirán su
voz; [29] **y los que hicieron lo bueno, saldrán a
resurrección de vida; mas los que hicieron
lo malo, a resurrección de condenación.**

Mateo 25

[41] Entonces dirá también a los de la izquierda:
Apartaos de mí, malditos, al **fuego eterno**
preparado para el diablo y sus ángeles.

Marcos 9

[48] donde el gusano de ellos no muere,
y el fuego nunca se apaga.
La segunda vida y la segunda muerte

Apocalipsis 2

[10,,,,,,,,,,,] **Sé fiel hasta la muerte,** y yo te daré la
corona de la vida. [11] El que tiene oído, oiga lo que
el Espíritu dice a las iglesias. **El que venciere,
no sufrirá daño de la segunda muerte**

Note que Dios promete a los fieles victoriosos **"la vida
eterna";** o dicho de otra manera **"una segunda vida en la**

eternidad". Al lado de Él, en un lugar maravilloso, gozando de una gloria jamás imaginada (Romanos 8:18-23; Apocalipsis 21:1-27; 22:1-5). En donde, con su cuerpo resucitado (Lucas 24:36-45; 1 Corintios 15:16-55); rediseñado a perfección (1 Corintios 13:10; Efesios 4:13; Colosenses 1:28); y lleno de inmortalidad, e inmunidad contra la segunda muerte (Lucas 20:34-38; Romanos 2:7; 1 Corintios 15:53-54; 2 Timoteo 1:10); vea materializadas todas las promesas del Señor. Pero así como Dios ha prometido en la eternidad, una "segunda vida" a los vencedores. Así Dios también ha prometido en la eternidad, una **"segunda muerte"** a los pecadores, sean estos seres angelicales, o seres humanos (Mateo 25:41; Judas 1:12, Apocalipsis 20:10-15). La Segunda muerte entra por primera vez en acción, devorando; pero no consumiendo entre sus llamas; al anticristo, al falso profeta, y a Satanás,. La **segunda muerte,** con todas sus torturas, e incandescentes; tormentos está esperando a todo, y todos los que sean arrojados a ella; incluida la primera muerte y el inframundo, llámese Hades, o Seol (Apocalipsis 20:14). El tormento eterno del lago fuego, supera con creces a la llama de fuego; que torturaba a los pecadores en el Hades (Lucas 16:19-31). Lo más cercano a un lago de fuego que nosotros conocemos, es la lava incandescente en el cráter de un volcán. Cualquier organismo que caiga en allí, se desintegra explotando. Pero el lago de fuego es otra cosa. ¿Qué facultades corporales tendrán el aquellos, que habiendo resucitado el día del Juicio Final (Apocalipsis 20:5-15); sean condenados al fuego de la segunda muerte; y sus cuerpos no se consuman? No lo sabemos. Muchos dicen que ese fuego eterno, no es un fuego secular. Pero creo que será muy similar, o equivalente; al fuego que hoy conocemos; readaptado para torturar, y no consumir a sus atormentados; que sin tregua lloraran y rechinaran los dientes.

Judas 1

¹² Estos son manchas en vuestros ágapes,
que comiendo impúdicamente con vosotros
se apacientan a sí mismos; nubes sin agua,
llevadas de acá para allá por los vientos;
árboles otoñales, sin fruto, **dos veces muertos
y desarraigados;** ¹³ fieras ondas del mar,
que espuman su propia vergüenza; estrellas
errantes, para las cuales **está reservada
eternamente la oscuridad de las tinieblas.**

Mateo 25

⁴¹ Entonces dirá también a los de la izquierda:
**Apartaos de mí, malditos, al fuego eterno
preparado para el diablo y sus ángeles.**

Mateo 13

⁴⁹ Así será al fin del siglo: saldrán los ángeles,
y apartarán a los malos de entre los justos,
⁵⁰ y **los echarán en el horno de fuego;
allí será el lloro y el crujir de dientes.**

Apocalipsis 20

¹⁰ Y el diablo que los engañaba fue lanzado **en
el lago de fuego y azufre,** donde estaban la
bestia y el falso profeta; y **serán atormentados
día y noche por los siglos de los siglos.**

Apocalipsis 14

⁹ Y el tercer ángel los siguió, diciendo a gran voz: Si alguno adora a la bestia y a su imagen, y recibe la marca en su frente o en su mano, ¹⁰ él también beberá del vino de la ira de Dios, que ha sido vaciado puro en el cáliz de su ira; y **será atormentado con fuego y azufre delante de los santos ángeles y del Cordero; ¹¹ y el humo de su tormento sube por los siglos de los siglos. Y no tienen reposo de día ni de noche** los que adoran a la bestia y a su imagen, ni nadie que reciba la marca de su nombre.

Isaías 1

²⁸ Pero los rebeldes y pecadores a una serán quebrantados, y los que dejan a Jehová serán consumidos. ²⁹ Entonces os avergonzarán las encinas que amasteis, y os afrentarán los huertos que escogisteis. ³⁰ Porque seréis como encina a la que se le cae la hoja, y como huerto al que le faltan las aguas. ³¹ Y el fuerte será como estopa, y lo que hizo como centella; y **ambos serán encendidos juntamente, y no habrá quien apague.**

Indultados

Note que la promesa al vencedor es que el **"no sufrirá daño de la segunda muerte"**. Pero definitivamente, tiene que morir y sufrir la primera muerte; porque así está establecido por Dios (Hebreos 9:27-28). El apóstol Pablo lo pone de esta manera *"Por tanto, como el pecado entró en el mundo por un hombre, y por el pecado la muerte, así la muerte pasó a todos los hombres, por cuanto todos pecaron" (Romanos 5:12)*. El ser fiel hasta la muerte (hasta sufrir la primera muerte), para obtener la vida eterna; y con ello la inmunidad contra la segunda muerte; implica pues, que tenemos que ser fieles **hasta morir.** Y hemos de morir la primera muerte por nuestros pecados. O sea, tanto por el pecado heredado de Adán a nosotros; como por los pecados que, nosotros mismos hemos ejecutado.

Entonces al estar en Cristo ¿De qué pecados hemos sido limpiados? ¿De qué hemos sido redimidos? **¿De qué muerte hemos sido indultados?** Obviamente hemos sido limpiados y redimidos de todos nuestros pecados (Isaías 1:18; Miqueas 7:19; Hechos 2:38; Romanos 3:23-25; Efesios 1:7; Colosenses 2:13-15; Hebreos 7:26-28; 1 Pedro 1:18-21; 1 Juan 2:1-2; Apocalipsis 5:9-10); y todos ellos sin excepción han quedado saldados. Sin embargo hay consecuencias que todavía tenemos que sufrir en esta vida; y el sufrir la muerte terrena es una de ellas. Vea el caso del ladrón en la Cruz, (Lucas 23:42-43) aunque su alma fue salva de la condenación eterna (ser arrojado al lago de fuego); no pudo evadir la condenación terrena; muriendo la muerte que sus actos merecían. La biblia nos recuerda esto *"Porque por cuanto la muerte entró por un hombre, también por un hombre la resurrección de los muertos. Porque así como en Adán todos mueren, también en Cristo todos serán vivificados".* (1 Corintios 15:21-22). *Porque también Cristo padeció una sola vez por los pecados, el justo por los injustos, para llevarnos a Dios, siendo a la verdad muerto en la carne, pero vivificado en espíritu"* (1 Pedro 3:18). El, al morir por nosotros en esta vida; ¡no murió para que nosotros, evadiéramos la primera muerte! Pero El, ¡si murió por nosotros en esta vida! ¡La muerte segunda, que a nosotros, si nos correspondía morir! **Así ha indultando a nuestra alma**, para que no seamos condenados en la otra vida.

Con su muerte, **Cristo murió representando nuestra propia muerte; o sea la muerte eterna, o segunda muerte.** El juicio que tendrán los impíos, ante el Juez del Gran Trono Blanco; prácticamente ya sido adelantado, para todos aquellos que han sido fieles al Señor. En esta vida terrena, ya ha sido presentada nuestra causa, y nuestro litigio con Dios. Cristo nos redimió pagando con su sangre, la deuda que nuestros delitos merecían; ante la justicia divina (Romanos 3:25; 5:1-21)

Él murió la muerte que nosotros merecíamos. Él, la sufrió; Él pago; está hecho; y hoy nosotros hemos llegado a ser de su propiedad (Hechos 20:28; Romanos 7:4; 1 Corintios 3:22-23). Él tiene plena potestad sobre nosotros, y sobre nuestros destinos, y Él decide, el lugar en qué hemos de pasar la eternidad (Juan 5:21). Otro detalle interesante, es que aunque el cristiano es inmune a la segunda muerte; no pone su esperanza en esta vida. Para él, el mundo no tiene sabor, ni color. Él considera que cuando Cristo murió, el también perdió la vida; y lo que ahora vive, lo vive para el Señor que murió por él. Él, fielmente invierte, o pierde su vida terrena para Cristo y su causa; sabiendo que ha sido indultado y ha encontrado la vida eterna.

Gálatas 2
[20] Con Cristo estoy juntamente crucificado,
y ya no vivo yo, mas vive Cristo en mí;
y lo que ahora vivo en la carne, lo vivo
en la fe del Hijo de Dios, el cual me
amó y se entregó a sí mismo por mí.

Romanos 14
[8] Pues **si vivimos, para el Señor vivimos;**
y si morimos, para el Señor morimos. Así
pues, sea que vivamos, o que muramos, del
Señor somos. [9] Porque Cristo **para esto murió**
y resucitó, y volvió a vivir, para ser Señor
así de los muertos como de los que viven.

Romanos 8
[1] **Ahora pues, ninguna condenación hay para**
los que están en Cristo Jesús, los que no andan
conforme á la carne, mas conforme al espíritu.
[2] Porque la ley del Espíritu de vida en Cristo Jesús
me ha librado de la ley del pecado y de la muerte.

Colosenses 3

³ Porque habéis muerto, y vuestra vida está escondida con Cristo en Dios.

Apocalipsis 12

¹¹ Y ellos le han vencido por medio de la sangre del Cordero y de la palabra del testimonio de ellos, y **menospreciaron sus vidas hasta la muerte.**

Marcos 8

³⁵ Porque **todo el que quiera salvar su vida, la perderá; y todo el que pierda su vida por causa de mí y del evangelio, la salvará.**

Romanos 6

⁵ **Porque si fuimos plantados juntamente con él en la semejanza de su muerte, así también lo seremos en la de su resurrección;** ⁶ sabiendo esto, que nuestro viejo hombre fue crucificado juntamente con él, para que el cuerpo del pecado sea destruido, a fin de que no sirvamos más al pecado. ⁷ Porque el que ha muerto, ha sido justificado del pecado. ⁸ **Y si morimos con Cristo, creemos que también viviremos con él;** ⁹ **sabiendo que Cristo, habiendo resucitado de los muertos, ya no muere; la muerte no se enseñorea más de él.** ¹⁰ Porque en cuanto murió, al pecado murió una vez por todas; mas en cuanto

vive, para Dios vive. **11 Así también vosotros consideraos muertos al pecado, pero vivos para Dios en Cristo Jesús, Señor nuestro.**

2 Corintios 5

14 Porque el amor de Cristo nos constriñe, pensando esto: que **si uno murió por todos, luego todos murieron; 15 y por todos murió, para que los que viven, ya no vivan para sí, sino para aquel que murió y resucitó por ellos.**

2 Corintios 5

4 Porque asimismo los que estamos en este tabernáculo gemimos con angustia; porque no quisiéramos ser desnudados, sino revestidos, **para que lo mortal sea absorbido por la vida.**

"Dios" Señor sobre las muertes

Hebreos 10

31 ¡¡Horrenda cosa es caer en manos del Dios vivo!

Aunque la muerte ha sido considerada por muchos, como el rey de los terrores (Romanos 5:12-14). Pero para nuestra sorpresa Jesús dijo que ese no era el máximo de los terrores; El señalo a su Padre en su carácter iracundo, como el Ser más temible que existe; y advirtió a todo el género humano; que es a su Padre a quien debemos realmente temer. Dios es aquel por cuya presencia huirán el cielo y la tierra (Apocalipsis 20:11). Y es tan letal, que para descargar su ira; creo a la primera y a la segunda muerte, como instrumentos de castigo. El tiene pleno control y potestad sobre ellas. Si caer en las garras de esas muertes da terror, es más horrendo caer en las manos del que las creo. El matara con la segunda muerte; a todos los impíos de todas las épocas de la historia, a los ángeles caídos, a Satanás, al inframundo, y de hecho; ya ha pronunciado la destrucción de la muerte primera.

Mateo 10
[28] Y no temáis a los que matan el cuerpo,
mas el alma no pueden matar; **temed
más bien a aquel que puede destruir
el alma y el cuerpo en el infierno.**

Isaías 25
[8] **Destruirá a la muerte para siempre**; y
enjugará Jehová el Señor toda lágrima de todos
los rostros; y quitará la afrenta de su pueblo
de toda la tierra; porque Jehová lo ha dicho.

Oseas 13
[14] De la mano del Seol los redimiré, los
libraré de la muerte. **Oh muerte, yo seré tu
muerte; y seré tu destrucción, oh Seol;**
la compasión será escondida de mi vista.

1 Corintios 15
[26] Y **el postrer enemigo que será
destruido es la muerte.**

Apocalipsis 20
**¹⁴ Y la muerte y el Hades fueron lanzados al
lago de fuego.** Esta es la muerte segunda.
**La promesa de ser vestido
con vestiduras blancas**

Apocalipsis 3
**⁵ El que venciere será vestido
de vestiduras blancas;,,,,,,**

La promesa al vencedor, de que: "**será vestido de
vestiduras blancas**"; genera una prolifera serie de
interpretaciones; que obviamente va mas allá; de la pura
idea de recato. Es importante entender que en este texto,
la idea de ser vestido sobre todo de vestiduras blancas;
tiene un enorme y variado peso simbólico. Ahí se proyecta
la intención de Dios, de imputar al vencedor una serie
de dignidad y virtudes; con el objetivo de prepararle
adecuadamente, para que el creyente pueda desempeñar
con efectividad, un oficio futuro; en la era del reino de los
mil años, y después en la eternidad futura; etapas en las
que Cristo reinara.

Las vestiduras blancas en el contexto bíblico, son sinónimo
de dignidad, pureza, santidad, y justicia (Eclesiastés 9:8;
Mateo 22:11-14 Colosenses 3:8-10; Apocalipsis 19:8-14).
Podríamos decir que; en base al pensamiento sacro escritural;
el pecado es expresado bajo la noción de desnudez, mientras
que la santidad esta expresada bajo la noción de vestiduras
(Génesis 3:7-21; 9:20-27; 2 Corintios 5:3). La concepción

de este criterio, tiene su origen en el libro de Génesis 2-25; 3:7-21; en donde leemos, que en el principio Adán y Eva andaban desnudos y no se avergonzaban. Pero después de pecar revelándose contra Dios; perdieron la gloria que los rodeaba y dignificaba; quedando expuestos a la deshonra y a la vergüenza. Así que procedieron a diseñar vestimentas con hojas de higuera, con las cuales vestir su desnudez. Ante la ineficiencia de esas vestiduras, Dios procedió a vestirles con túnicas hechas de pieles. La idea teológica que se extrae de este acontecimiento; es que el hombre por sí mismo, no puede justificarse delante de Dios. El creyente necesita que Cristo habiéndole salvado, le vista protegiéndole espiritualmente de justicia y de santidad. Vestimenta que el receptor debe cuidar, de no manchar, o destruir con el pecado. (Isaías 59:17; 1 Corintios 6:9-11; 2 Corintios 5:3; Efesios 5:26-27)

Efesios 4
²⁴y vestíos del nuevo hombre, creado según Dios en la justicia y santidad de la verdad.

Pero como hemos dicho, las vestiduras blancas son sinónimos de pureza, santidad y justicia (Efesios 4:24; Isaías 59:17). Este peso representativo, es la causa principal; por la cual vemos diferentes pasajes de la escritura; en los que el término vestiduras blancas; se aplica en combinación con ciertos oficios destacados. Esto se hace con toda la pretensión de agregar, o cubrir de dignidad, pureza, santidad y justicia; a esa cierta labor señalada; la cual por sí sola, es apreciada y de extrema exaltación.

El hecho de que se enfatice, que al vencedor se le cubrirá con vestiduras blancas; lo que hace es señalar, la concesión de uno, o varios oficios dignificados; que el creyente recibirá como galardón en el Tribunal de Cristo; para ejercer esa labor concedida en la época del milenio. Es por eso, que el señalamiento que encontramos en Apocalipsis 3:5; de vestir con vestiduras blancas al vencedor; genera distintas interpretaciones y múltiples simbolismos. Por ejemplo, tenemos la interpretación que dice; que las vestiduras blancas, por ser componentes integrales del oficio sacerdotal (Éxodo 28:39-41: Levítico 6:10; 16:4; Zacarías 3:1-8). Al ser mencionados en nuestro pasaje futurista, vendrían a ser un simbolismo y una solida referencia; de que la promesa dada en Apocalipsis 3:5. Estaría insinuando una invitación al creyente esforzado; a ejercer el oficio sacerdotal, no solo en su vida como cristiano; sino también de una manera oficial y con toda pompa, en la época del milenio. En esto concordarían los siguientes textos (1 Pedro 2:9; Apocalipsis 1:6; 5:10).

Otro interesante ejemplo, según varios comentaristas. Es el que dice que; el ser vestido de vestiduras blancas, prefiguraría la idea del general vencedor que entraba triunfante a Roma, después de sus conquistas en la batalla. El cual montado en un carruaje jalado con caballos blancos; portando en su cabeza una corona de guirnalda, y vestido con vestiduras blancas, desfilaba con parte de sus tropas al interior de la ciudad; mostrando y haciendo alarde del botín de sus conquistas. Esta interpretación es muy ecuánime, y armoniza con el retorno de Cristo al final de la Gran Tribulación. El cual seguido de su ejército de vencedores, vestidos de blanco retornan con Cristo; para implantar su reino en esta Tierra (Judas 1:14; Apocalipsis 19:14).

Una de las deducciones de gran peso interpretativo; en cuanto al a las vestimentas blancas prometidas al vencedor en Apocalipsis 3:5. Es la que apunta a que la iglesia, al ser vista como la novia y futura esposa de Cristo; se le habrá de vestir de gala nupcial; enfatizándose el color blanco de esa vestimenta; para señalar la peculiar pureza que distingue a esa novia. Entonces Apocalipsis 3:5, estaría señalándonos de forma figurada; que el cristiano vencedor, habrá de ser vestido de vestiduras blancas. Por ser el, parte integral de la iglesia; la cual identificamos como la novia y futura esposa de Cristo. (Apocalipsis 19:7-8; 2 Corintios 11:2; Efesios 5:23-32; Mateo 22:11-13).

Apocalipsis 19
⁷ Gocémonos y alegrémonos y démosle gloria;
porque han llegado las bodas del Cordero,
**y su esposa se ha preparado. ⁸ Y a ella se
le ha concedido que se vista de lino fino,
limpio y resplandeciente; porque el lino
fino es las acciones justas de los santos.**

2 Corintios 11
² Porque os celo con celo de Dios; pues **os
he desposado con un solo esposo, para
presentaros como una virgen pura a Cristo.**

Efesios 5

²³ porque **el marido es cabeza de la mujer, así como Cristo es cabeza de la iglesia,** la cual es su cuerpo, y él es su Salvador. ²⁴ Así que, como la iglesia está sujeta a Cristo, así también las casadas lo estén a sus maridos en todo. ²⁵**Maridos, amad a vuestras mujeres, así como Cristo amó a la iglesia, y se entregó a sí mismo por ella,** ²⁶**para santificarla, habiéndola purificado en el lavamiento del agua por la palabra,** ²⁷**a fin de presentársela a sí mismo, una iglesia gloriosa, que no tuviese mancha ni arruga ni cosa semejante, sino que fuese santa y sin mancha.** ²⁸ Así también los maridos deben amar a sus mujeres como a sus mismos cuerpos. El que ama a su mujer, a sí mismo se ama. ²⁹ Porque nadie aborreció jamás a su propia carne, sino que la sustenta y la cuida, **como también Cristo a la iglesia,** ³⁰ porque somos miembros de su cuerpo, de su carne y de sus huesos. ³¹ Por esto dejará el hombre a su padre y a su madre, y se unirá a su mujer, y los dos serán una sola carne. ³²**Grande es este misterio; mas yo digo esto respecto de Cristo y de la iglesia.**

Otro cuadro en el que la pureza, la santidad, y la justicia; se muestran en un sentido de vestiduras blancas; son aquellos pasajes de Apocalipsis 6:9-11; y Apocalipsis 7:9-17. Los cuales contienen una alusión, a como una persona en un estado póstumo; es capacitada, es purificada, y es hecha perfecta; para entrar a la presencia de Dios. Si aplicamos este texto, a la promesa que Jesús hiso a los fieles de la iglesia de Sardis; entonces Jesús estaría diciendo; que él ordenara que se vista de limpia perfección a los vencedores; para poder gozarse para siempre delante de la presencia de nuestro majestuoso Dios.

Apocalipsis 6

⁹ Cuando abrió el quinto sello, vi bajo el altar las almas de los que habían sido muertos por causa de la palabra de Dios y por el testimonio que tenían. ¹⁰ Y clamaban a gran voz, diciendo: ¿Hasta cuándo, Señor, santo y verdadero, no juzgas y vengas nuestra sangre en los que moran en la tierra? ¹¹ **Y se les dieron vestiduras blancas,** y se les dijo que descansasen todavía un poco de tiempo, hasta que se completara el número de sus consiervos y sus hermanos, que también habían de ser muertos como ellos.

Apocalipsis 7

¹³ Entonces uno de los ancianos habló, diciéndome: **Estos que están vestidos de ropas blancas, ¿quiénes son, y de dónde han venido?** ¹⁴ Yo le dije: Señor, tú lo sabes. Y él me dijo: Estos son los que han salido de la gran tribulación, y **han lavado sus ropas, y las han emblanquecido en la sangre del Cordero.** ¹⁵ **Por esto están delante del trono de Dios,** y le sirven día y noche en su templo; y el que está

sentado sobre el trono extenderá su tabernáculo sobre ellos. [16]Ya no tendrán hambre ni sed, y el sol no caerá más sobre ellos, ni calor alguno;

Isaías 33

[14]Los pecadores se asombraron en Sion, espanto sobrecogió a los hipócritas. ¿Quién de nosotros morará con el fuego consumidor? ¿Quién de nosotros habitará con las llamas eternas? [15]El que camina en justicia y habla lo recto; el que aborrece la ganancia de violencias, el que sacude sus manos para no recibir cohecho, el que tapa sus oídos para no oír propuestas sanguinarias; el que cierra sus ojos para no ver cosa mala.

Aunque podría haber más puntos de vista, en cuanto; a que consisten estas vestiduras blancas, prometidas a los esforzados vencedores. Traemos a consideración una última interpretación, que dice que: después de haber terminado su carrera y peregrinaje en este mundo; y habiendo caminado limpiamente y sin manchar, ni arrugar; la justicia y santidad; que se le imputo como vestimenta, al ser salvado y justificado por Cristo. El cristiano fiel será revestido de vestiduras blancas, definitivas, e incorruptibles (que no se pueden manchar). Vestidura que tiene que ver con su transformación final. Por lo cual se ha sugerido, que muy probablemente esta última vestidura blanca; representa el glorioso cuerpo incorruptible de la resurrección. Con el que Dios revestirá algún día, al cristiano que le ha sido fiel.

2 Corintios 5

[1]Porque **sabemos que si nuestra morada terrestre, este tabernáculo, se deshiciere, tenemos de Dios un edificio, una casa no hecha de manos, eterna, en los cielos.** [2]Y por esto también gemimos, **deseando ser revestidos de aquella nuestra habitación celestial;** [3]pues **así seremos hallados vestidos, y no desnudos.** [4]**Porque asimismo los que estamos en este tabernáculo gemimos con angustia; porque no quisiéramos ser desnudados, sino revestidos, para que lo mortal sea absorbido por la vida.**

Filipenses 3

[20]Mas nuestra ciudadanía está en los cielos, de donde también esperamos al Salvador, al Señor Jesucristo; [21]**el cual transformará el cuerpo de la humillación nuestra, para que sea semejante al cuerpo de la gloria suya**, por el poder con el cual puede también sujetar a sí mismo todas las cosas.

1 Corintios 15

[53]**Porque es necesario que esto corruptible se vista de incorrupción, y esto mortal se vista de inmortalidad.** [54]**Y cuando esto corruptible se haya vestido de incorrupción, y esto mortal se haya vestido de inmortalidad,** entonces se cumplirá la palabra que está escrita: Sorbida es la muerte en victoria.

Comer del Mana escondido, y la otorgación de una piedrecita blanca, así como un nombre nuevo

Apocalipsis 2

¹⁷El que tiene oído, oiga lo que el Espíritu dice a las iglesias. Al que venciere, **daré a comer del maná escondido**, y le daré **una piedrecita blanca, y en la piedrecita escrito un nombre nuevo, el cual ninguno conoce sino aquel que lo recibe.**

En este texto dirigido a la iglesia, que se encuentra en la ciudad de Pérgamo; se contempla una triple promesa para el cristiano vencedor. Note que las frases al que "venciere", y "al que tiene oídos para oír"; son un claro indicativo que las promesas a exponer, no solo serian para los cristianos vencedores de aquella época, y región; sino para la generalidad de aquellos campeones a coronar en el Tribunal de Cristo.

Comer del Mana escondido

La primera de esas promesas dice, que el Señor daría al vencedor a "comer del maná escondido". Ahora bien, esta frase hace que nos remontemos hasta la época del Éxodo; en la que vemos a Dios alimentando al pueblo de Israel con

"Maná"; por lo largo de los 40 años. Tiempo que duro el peregrinaje israelita por el desierto; hasta el día que entraron en la tierra prometida. (Éxodo 16:14-35; Josué 5:12). Para recordar este evento, Dios ordenó que una vasija llena de Maná se pusiera en el arca; y se dejó allí en la presencia de Dios en el lugar Santísimo del Tabernáculo; como testimonio de aquel milagro. Así esa porción de Mana se conservo incorruptible y escondida, de la vista de las personas (Éxodo 16:33). Una leyenda judía dice, que a principios del siglo VI a. C.; cuando el primer templo fue destruido por el ejército babilónico; el profeta Jeremías escondió el arca, con la vasija del maná en una grieta del Monte Sinaí, y que, cuando el Mesías viniera a este mundo; Jeremías volvería y restituiría la vasija del maná. Así que para un judío, la idea de "comer del maná escondido" significaría gozar de las bendiciones de la era del reino mesiánico.[31] Sin embargo para un cristiano, Jesús es el verdadero Mana, o pan que descendió del cielo.

Se sugiere que en el texto de Apocalipsis 2:17; Jesús estaría contemplando a los creyentes, como personas que necesitan el nutrimento espiritual adecuado; para ser fortalecidos en el trayecto de su peregrinaje por este mundo. Ese Mana se ofrece a través de toda la era mesiánica, a todo creyente, y no puede ser otro que el mimo Jesús; ofreciendo el sustento de su comunión, que genera fuerza para seguir adelante; y **en el futuro reino mileneal, y un lugar en su meza; allá en su reino celestial.**

---

[31]   El Mensaje a la Iglesia de Pérgamo. Walter Cuadra
https://lassagradasescriturasestudio.blogspot.com/2014/12/el-mensaje-la-iglesia-de-pergamo.html

Juan 6

[31] Nuestros padres comieron el maná en el desierto, como está escrito: Pan del cielo les dio a comer. [32] Y Jesús les dijo: De cierto, de cierto os digo: No os dio Moisés el pan del cielo, mas mi Padre os da el verdadero pan del cielo. [33] Porque el pan de Dios es aquel que descendió del cielo y da vida al mundo. [34] Le dijeron: Señor, danos siempre este pan. [35] Jesús les dijo: Yo soy el pan de vida; el que a mí viene, nunca tendrá hambre; y el que en mí cree, no tendrá sed jamás.

Juan 6

[48] Yo soy el pan de vida. [49] Vuestros padres comieron el maná en el desierto, y murieron. [50] Este es el pan que desciende del cielo, para que el que de él come, no muera. [51] Yo soy el pan vivo que descendió del cielo; si alguno comiere de este pan, vivirá para siempre; y el pan que yo daré es mi carne, la cual yo daré por la vida del mundo. [52] Entonces los judíos contendían entre sí, diciendo: ¿Cómo puede éste darnos a comer su carne? [53] Jesús les dijo: De cierto, de cierto os digo: Si no coméis la carne del Hijo del Hombre, y bebéis su sangre, no tenéis vida en vosotros. [54] El que come mi carne y bebe mi sangre, tiene vida eterna; y yo le resucitaré en el día postrero. [55] Porque mi carne es verdadera comida, y mi sangre es verdadera bebida. [56] El que come mi carne y bebe mi sangre, en mí

permanece, y yo en él. ⁵⁷Como me envió el
Padre viviente, y yo vivo por el Padre, asimismo
el que me come, él también vivirá por mí. ⁵⁸Este
es el pan que descendió del cielo; no como
vuestros padres comieron el maná, y murieron;
el que come de este pan, vivirá eternamente.

Mateo 26
²⁶Y mientras comían, tomó Jesús el pan, y
bendijo, y lo partió, y dio a sus discípulos, y
dijo: Tomad, comed; esto es mi cuerpo. ²⁷Y
tomando la copa, y habiendo dado gracias, les
dio, diciendo: Bebed de ella todos; ²⁸porque esto
es mi sangre del nuevo pacto, que por muchos
es derramada para remisión de los pecados. ²⁹Y
os digo que desde ahora no beberé más de este
fruto de la vid, hasta aquel día en que lo beba
nuevo con vosotros en el reino de mi Padre.

Una Piedrecita blanca

Apocalipsis 2
¹⁷El que tiene oído, oiga lo que el Espíritu
dice a las iglesias. Al que venciere, daré a
comer del maná escondido, y **le daré una
piedrecita blanca, y en la piedrecita
escrito un nombre nuevo,** el cual ninguno
conoce sino aquel que lo recibe.

En cuanto a la segunda promesa al vencedor citada en este
texto, el Señor dice *"Y le daré una piedrecita blanca, y en la*

piedrecita escrito un nombre nuevo". Hay un buen número de interpretaciones, acerca de esta expresión; y algunas de ellas ven un mensaje dúo en su contenido. Así que primero veamos la frase *"Y le daré una piedrecita blanca";* y después continuemos con nuestro sondeo *"y en la piedrecita escrito un nombre nuevo".*

Algunas fuentes interpretativas del pasaje, dicen que en aquel tiempo; al que triunfaba en las competencias atléticas, se le otorgaba entre otros premios; una piedrecita blanca. Esta llevaba inscrita sobre de ella ciertas distinciones y privilegios. También se dice que en las cortes de justicia del imperio romano; se utilizaba una piedra negra; para señalar que el reo era condenado. Mientras que una piedrecita blanca, era una señal de absolución; a esa piedra blanca se le inscribía el nombre de la persona absuelta. En el Antiguo Testamento, el sumo sacerdote ceñía sobre su pecho un pectoral con 12 piedras preciosas; que tenían inscrito en cada una de ellas, un nombre particular de los distintos nombres de las doce tribus de Israel (Éxodo 28:9-21). También en ese capítulo encontramos, que ciertas piedras identificadas como Urim y Tumim; fueron usadas en el antiguo Israel como instrumentos de revelación, para descubrir la voluntad de Dios sobre determinado evento.[32] (Éxodo 28:30; Levítico 8:8; Números 27:21; Deuteronomio 33:8). La palabra Urim אוּרִים quiere decir "Luces", se basa en la palabra luz; porque ilumina y explica su palabra; y Tumim

---

[32]   Urim y Tumim wikipedia. https://es.wikipedia.org/wiki/Urim_y_Tumim

El Cristiano y el Tribunal de Cristo | 299

תּוּמִּים quiere decir "Perfecciones"; se basa en la palabra completado; porque se cumple, y se hace realidad su palabra.[33]

Acerca de estos artefactos de revelación divina, en el año 2000; se hiso público el hallazgo de la piedra Urim. En la cual, bajo la alta amplificación de luz de un microscopio; se observa que están insertadas, como quemadas en el corazón de la piedra; dos letras en hebreo arcaico.[34] Una corriente de pensamiento dice, que cuando el Sumo Sacerdote consultaba a Jehová; se paraba frente al velo del lugar Santísimo, y dependiendo de la piedra que sacara;

---

[33] Talmud Yoma 73b. The William Davidson Talmud. https://www.sefaria.org/Yoma.73b.5?lang=bi&with=all&lang2=en

[34] Fuentes:
   a. Amazing Revelation unfolds as the Lost Urim or Tummim restored may Open the Gateway of Heaven to "Divine Communication"
   b. https://destination-yisrael.biblesearchers.com/destination-yisrael/2017/01/amazing-revelation-unfolds-as-the-lost-urim-or-tummim-restored-may-open-the-gateway-of-heaven-to-div.html
   c. Encuentran gema del Urim y Tumimque era utilizadapor el sumo sacerdote para profetizar
   d. https://www.diariocristianoweb.com/2016/09/16/increible-hallazgo-encuentran-gema-del-pectoral-del-sumo-sacerdote-utilizadas-para-profetizar/
   e. Se encuentran piedras de Sumo Sacerdote "Urim y Tumim"
   f. https://lcastro30.wixsite.com/proyectoefrain/single-post/2016/10/15/se-encuentran-piedras-de-sumo-sacerdote-umim-y-tumim
   g. Traducción de noticia publicada por Breaking Israel News: http://www.breakingisraelnews.com/75645/bin-exclusive-lost-stone-high-priests-prophetic-breastplate-thought-found-incredible-journey/
   h. Sardonyx Stone from the Breastplate of High Priest Aaron in South Africa
   i. Video link: https://www.youtube.com/watch?v=PPC7Ykrk-7o

era confirmada una respuesta, fuera positiva o negativa. Dándose por sentado, que esa era la voluntad de Dios; ante la interrogante planteada.[35]

Según el Talmud (Yoma 73a) describe como al preguntar al pectoral, las piedras se iluminaban para explicar la respuesta. El libro de Samuel enumera el Urim y Tumim; como una de las tres formas de comunicación divina: sueños, profetas, y el Urim y Tumim. (1 Samuel 28:6)[36] Otras dos piedras famosas, son en las que labro Dios con los Diez Mandamientos (Decálogo); durante el transcurso del éxodo israelita hacia la tierra de Cannan. Ellas fueron entregadas en las manos de Moisés, para su pueblo; como una ley para regir a la naciente nación israelita. (Éxodo 20)

Independientemente del uso de las distintas piedras que hemos citado; así como la inscripción en las mismas. Podemos decir, que lo más probable; es que con la mención de esa "piedrecita banca" Jesús estaría prometiendo recompensas de justicia, revelación, absolución, o grandes privilegios; a todo aquel que fuera vencedor en la carrera de la Fe.

---

[35]   Significado de Urim y Tumim. Qué son Urim y Tumim: https://www. significados.com/urim-y-tumim/

[36]   Aparece piedra del Urim y Tumim utilizada en la vestidura sacerdotal https://www.bibliatodo.com/NoticiasCristianas/aparece-piedra-del-urim-y-tumim-utilizada-en-la-vestidura-sacerdotal-video/

Un nombre nuevo

Apocalipsis 2

[17] El que tiene oído, oiga lo que el Espíritu dice
a las iglesias. Al que venciere, daré a comer del
maná escondido, y le daré una piedrecita blanca,
**y en la piedrecita escrito un nombre nuevo, el
cual ninguno conoce sino aquel que lo recibe.**

En la piedrecita otorgada al vencedor; se nos dice hay
**"escrito *un nombre nuevo, el cual ninguno conoce sino
aquel que lo recibe"*.** En cuanto "al nombre nuevo", debemos
recordar que en la biblia hay pasajes; en los que Dios cambio
el nombre de varios de sus siervos. Por ejemplo a Abram le
puso Abraham; a Sarai, Sara; a Jacob, Israel; a Oseas hijo de
Nun, Moisés le puso Josué; a Simón, Jesús le puso Pedro.
Esto es porque en la antigüedad, al nombre propio; no sólo
se le consideraba una característica distintiva; más bien se
le percibía como el equivalente de la personalidad, y suma
de todo aquello que el individuo representaba. Así que es
muy aceptable asumir, que lo que el Señor está prometiendo
acá; es que el vencedor tendría una nueva personalidad, en
su nueva naturaleza resucitada. Y esa nueva esencia está por
el momento escondida, esperando hasta el tiempo en el que
será manifestada. El apóstol Pablo dijo, al respecto.[37]

---

[37]   Estudio bíblico: El mensaje a Pérgamo - Apocalipsis 2:12-17 https://
www.escuelabiblica.com/estudios-biblicos-1.php?id=385

1 Corintios 13

¹²Ahora vemos por espejo, oscuramente;
mas entonces veremos cara a cara.
Ahora conozco en parte; pero entonces
conoceré como fui conocido.

Isaías 56

⁵yo les daré lugar en mi casa y dentro de mis
muros, y nombre mejor que el de hijos e hijas;
nombre perpetuo les daré, que nunca perecerá.

Isaías 44

⁵Este dirá: Yo soy de Jehová; el otro
se llamará del nombre de Jacob, y otro
escribirá con su mano: A Jehová, y se
apellidará con el nombre de Israel.

La promesa de comer del árbol de la vida

Apocalipsis 2

⁷El que tiene oído, oiga lo que el Espíritu
dice a las iglesias. Al que venciere, le daré
a **comer del árbol de la vida**, el cual
está en medio del paraíso de Dios.

En cuanto al galardón de comer del fruto del árbol de la vida,
en el paraíso de Dios; podríamos decir, que ahí se estaría
premiando la fe, lealtad, y obediencia; que el vencedor
prodigo a Dios. El premio consiste en comer del árbol de
la vida; el cual es un acto que promueve inmortalidad;
mientras que el paraíso de Dios aquí mencionado, puede ser

asimilado como, símbolo de comunión perfecta con Dios. La inmortalidad es una de las ambiciones más comunes del ser humano (Romanos 2:7). Mientras que la comunión con Dios, es un privilegio que añora él será humano; el cual tiene escondida y latente en el corazón; la nostalgia de haber perdido aquel paraíso; donde Dios lo visitaba, y podía ejercer la comunión con El.

Al principio de la creación, el árbol de la vida es visto por primera vez en el paraíso, o en el Edén terrenal. El relato bíblico describe el drama que se desarrollo en ese lugar; en el que acontecieron los hechos, que envuelven a la tragedia del hombre, al perder su vida temporal; así como su derecho a estar en aquel paraíso; morada y santuario en la cual era visitado por Dios.

El que el hombre consiga la inmortalidad, comiendo del fruto del árbol de la vida; y pueda disfrutarla al lado de Dios, en un lugar paradisiaco; es el deseo primario de Dios. (Génesis 2; Juan 14:1-3; Apocalipsis 22:-5) Sin embargo, el ser humano fracaso cuando peco al dar fe, o crédito a los consejos de la serpiente. Su acto de rebeldía, lo llevo a desobedecer a Dios. Por su falta de fe, lealtad y obediencia a su Creador, el ser humano fue condenado a muerte y expulsado del paraíso (Génesis 3: 1 Samuel 15:23).

Se ha preguntado alguna vez ¿Por qué la salvación es por fe? (Efesios 2:8-9; Romanos 1:17; 3:21-31), ¿Por qué Dios premia, y da honores al que le obedece? (Romanos 5:19; 2 Corintios 10:5; 1 Pedro 1:3-9). ¿Por qué Dios quiere que seamos fieles hasta la muerte? (Mateo 10:39; Hebreos 12:1-17; Apocalipsis 2:10). Seguramente el anhelo en el corazón de Dios, es que el hombre le tenga fe; confiando hasta el extremo en El, siéndole leal, y obediente. Creerle a Dios es un acto de Justicia, y la obediencia es un acto que va de la mano con la lealtad; y el Señor premiara a todo aquel en quien encuentre estos principios.

Romanos 3

[22] la justicia de Dios por medio de la fe en Jesucristo, para todos los que creen en él. Porque no hay diferencia, [23] por cuanto todos pecaron, y están destituidos de la gloria de Dios, [24] siendo justificados gratuitamente por su gracia, mediante **la redención que es en Cristo Jesús,** [25] **a quien Dios puso como propiciación por medio de la fe en su sangre, para manifestar su justicia, a causa de haber pasado por alto, en su paciencia, los pecados pasados,** [26] **con la mira de manifestar en este tiempo su justicia, a fin de que él sea el justo, y el que justifica al que es de la fe de Jesús.** [27] ¿Dónde, pues, está la jactancia? Queda excluida. ¿Por cuál ley? ¿Por la de las obras? No, sino por la ley de la fe. [28] Concluimos, pues, que el hombre es justificado por fe sin las obras de la ley.

Apocalipsis 22

[12] He aquí yo vengo pronto, y mi galardón conmigo, para recompensar a cada uno según

sea su obra. ¹³ Yo soy el Alfa y la Omega, el principio y el fin, el primero y el último. ¹⁴ Bienaventurados los que lavan sus ropas, **para tener derecho al árbol de la vida**, y para entrar por las puertas en la ciudad.

Apocalipsis 22

¹ Después me mostró un río limpio de agua de vida, resplandeciente como cristal, que salía del trono de Dios y del Cordero. ² En medio de la calle de la ciudad, y a uno y otro lado del río, estaba el **árbol de la vida, que produce doce frutos, dando cada mes su fruto; y las hojas del árbol eran para la sanidad de las naciones.**

La promesa de ser convertido en columna del Templo

Apocalipsis 3

¹² Al que venciere, **yo lo haré columna en el templo de mi Dios**, y nunca más saldrá de allí; y **escribiré sobre él el nombre de mi Dios, y el nombre de la ciudad de mi Dios**, la nueva Jerusalén, la cual desciende del cielo, de mi Dios, y **mi nombre nuevo.**

En este pasaje se menciona, que al vencedor se le convertiría en columna del templo de Dios; y su estadía seria perpetuamente en se lugar. Además, se escribiría sobre el vencedor tornado en columna; el nombre de Dios, el nuevo nombre de Cristo, y de la nueva Jerusalén. Es decir, esa escritura gravada en esa columna; serviría de vínculo para proclamar, e identificar la fuente de poder que materializo, y dio origen, y propósito a la vida del vencedor. Pero entendamos que aquí no se está hablando de la petrificación del cristiano, o de un antropomorfismo;[38] en el que la persona, sea coinvertida literalmente en un elemento estructural; con inscripciones especiales, para ser insertados en un edificio en construcción. Pero no dudemos que esto también pueda ser factible (Génesis 19:26; Mateo 12:26).

Sin embargo, es de entender; que las figuras utilizadas en este pasaje, son una prosopopeya;[39] cuya fórmula literaria enfatizaría con estas ilustraciones, la idea de tornar al cristiano en algo fuerte y estable. Claramente identificado como propiedad de la divinidad, debido a las inscripciones sobre él; evidenciando el nombre de Dios, y del futuro titulo de Cristo su redentor; así como el nombre de la nueva Jerusalén, su destino eterno.

Un dato interesante, que de uno, u otro modo; podemos seguir viendo hasta este día; es que en la antigüedad a los antiguos monumentos, columnas, y construcciones públicas y religiosas se les hacia una inscripción con la cual se

---

[38] Antropomorfismo (del griego ἄνθρωπος «anthrōpos», «hombre», y μορφή, «morfē», «forma») es la atribución de características y cualidades humanas a los animales de otras especies, objetos o fenómenos naturales. https://es.wikipedia.org/wiki/Antropomorfismo

[39] Definición de Prosopopeya: La prosopopeya consiste en dar a las cosas inanimadas una dimensión humana. Esto quiere decir que a algo que no tiene vida, el escritor le otorga un sentido humano, es decir, se da una personificación. https://definicion.mx/prosopopeya/

honraba a un héroe, a un ciudadano notable, o a un sacerdote distinguido.

El vencedor será un pilar en esa ciudad, como lo fue la iglesia columna y baluarte de la verdad en este mundo (**1 Timoteo 3:14-15; Gálatas 2:9**). En esa ciudad que Abraham y todos los santos de antaño buscaron (Juan 14:2-3; Hebreos 11:8-16; 12:28); la presencia y los nombres gravados en la frente del cristiano, proclamaran por siempre glorias y aleluyas; hacia su Señor y Dios. Un texto que hace una directa referencia, a nuestro pasaje de Apocalipsis 3:12, es el siguiente note:

Apocalipsis 22

[2] En medio de la calle de la ciudad, y a uno y otro lado del río, estaba el árbol de la vida, que produce doce frutos, dando cada mes su fruto; y las hojas del árbol eran para la sanidad de las naciones. [3] Y no habrá más maldición; y el trono de Dios y del Cordero estará en ella, y sus siervos le servirán, [4] y verán su rostro, y **su nombre estará en sus frentes.**

Reflexionando un poco acerca del nombre de Dios en sus frentes, este tipo de acción que implica apropiación; es repetida en los pasajes de Apocalipsis 7:2-8; 9:4; 14:1-5. Esta marca de distinción, también se puede asociar con la placa dorada en la frente del sumo sacerdote; que tenía gravado "Santidad a Jehová". Así el cristiano como sacerdote consagrado exhibirá abiertamente el nombre de Dios, en ese reino venidero. (1 Pedro 2:5-9; Apocalipsis 20:6)

Éxodo 28

³⁶ Harás además una lámina de oro fino, y
grabarás en ella como grabadura de sello,
SANTIDAD A JEHOVÁ. ³⁷ Y la pondrás con
un cordón de azul, y estará sobre la mitra;
por la parte delantera de la mitra estará. ³⁸ Y
estará sobre la frente de Aarón, y llevará
Aarón las faltas cometidas en todas las
cosas santas, que los hijos de Israel hubieren
consagrado en todas sus santas ofrendas; y
sobre su frente estará continuamente, para
que obtengan gracia delante de Jehová.

La promesa de ser invitado a sentarse en su Trono

Ya casi estamos concluyendo nuestras reflexiones, acerca de las promesas, galardones, coronas, y demás premios que Dios promete en su palabra. A aquellos que habiéndole sido fieles, han vencido a esta vida temporal; y a su orden, o sistema de cosas. Consientes que hay muchas más promesas y galardones para analizar, quisiéramos al menos abordar un último premio mencionado para el vencedor. El pasaje de Apocalipsis 3:21, contiene una promesa muy interesante; y aunque el tema podría ser muy extenso, aquí vamos a tocarlo superficialmente. Pero veamos el pasaje y esperemos que nuestro aporte, pueda contribuir a una deducción aceptable.

Apocalipsis 3
²¹ Al que venciere, **le daré que se siente conmigo en mi trono**, así **como yo he vencido, y me he sentado con mi Padre en su trono.**

El Rey representa la autoridad, el poder, la soberanía, y la ley de un gobierno. Pero las funciones de su reino las realizan los ministros y demás servidores públicos; ellos ejercen el poder y la autoridad del reinado, y gobiernan sobre los gobernados. Esta promesa de Apocalipsis 3:21; se debe considerar como una posición esencial, para poder depositar en el cristiano; al menos dos promesa más: la de "regir a las naciones con vara de hierro" (Apocalipsis 2:26); y la de fungir como "Jueces y sacerdotes" (1 Corintios 6:3; Isaías 61:6; Apocalipsis 1:6;

5:10; 20:6). Todas ellas son un conjunto de expresiones, que denotan el dominio, y la autoridad que Dios imputara a los vencedores.

Apocalipsis 2

[26] Al que venciere y guardare mis obras hasta el fin, **yo le daré autoridad sobre las naciones,** [27] **y las regirá con vara de hierro**, y serán quebradas como vaso de alfarero; como yo también la he recibido de mi Padre;

Apocalipsis 5

[10] **y nos has hecho para nuestro Dios reyes y sacerdotes,** y reinaremos sobre la tierra.

El Trono de Dios

El Trono de Dios, fue creado para ser más que un artefacto; o mueble de descanso. El Trono, como aparato; es sinónimo de dominio, de gloria, de poder, de autoridad, de supremacía; es la posición máxima de control y gloria; es el centro y comando sobre todo lo creado; y El que está sentado sobre es el, es el Todopoderoso, el Creador del universo, el único digno de sentarse en esa posición gloriosa. La realidad es que el Trono no hace ninguna atribución a Dios; excepto la de enfatizar el reconocimiento de su exaltado dominio, ante todo lo creado en el universo. Sin embargo, ese Trono es importante; debido a que es la posición y el lugar que le pertenece, al Ser más glorioso jamás imaginado "Dios". El solo hecho de pensar, que tenemos los atributos necesarios; como para merecer que seamos sentados al lado de Cristo; es una osadía de la cual debemos desistir; cuanto más pensar que literalmente vallamos a ser elevados, hasta sentarnos en el propio Trono de Dios. Porque eso sería el equivalente, a constituirnos dioses a nosotros mismos. El deseo de esa posición, y las glorias que de ella se desprenden; fueron la causa principal por la cual; Lucero, un glorioso querubín cayó de su posición, para convertirse en Satanás.

Isaías 14

[12] !!Cómo caíste del cielo, **oh Lucero**, hijo de la mañana! Cortado fuiste por tierra, tú que debilitabas a las naciones. [13] **Tú que decías en tu corazón: Subiré al cielo; en lo alto,**

junto a las estrellas de Dios, levantaré
mi trono, y en el monte del testimonio
me sentaré, a los lados del norte; ¹⁴ sobre
las alturas de las nubes subiré, y seré
semejante al Altísimo. ¹⁵ Mas tú derribado
eres hasta el Seol, a los lados del abismo.

Ezequiel 28

¹⁴ Tú, querubín grande, protector, yo te puse
en el santo monte de Dios, allí estuviste; en
medio de las piedras de fuego te paseabas.
¹⁵ Perfecto eras en todos tus caminos desde
el día que fuiste creado, hasta que se halló
en ti maldad. ¹⁶ A causa de la multitud de tus
contrataciones fuiste lleno de iniquidad, y
pecaste; por lo que yo te eché del monte
de Dios, y te arrojé de entre las piedras
del fuego, oh querubín protector.

El Hijo en su Trono

Note que aunque el Hijo es Dios, nunca usurpa el Trono de su Padre; o la posición que su Padre le otorgó; ni siquiera la traspasa, tratando de elevarse a un lugar no concedido. Aun que *se le ha exaltado hasta lo sumo; y se le ha otorgado un nombre sobre todo nombre* (Filipenses 2:5-11). El dijo en oración rogando a su Padre, que habiendo terminado su obra, y propósito en esta tierra; se le regresará al lugar del cual se desprendió; para venir a este mundo a hacer su obra redentora. Pero que una vez terminada esta obra; se le regresará a esa posición de gloria; **al lado** de su Padre (Juan 17:1-5). Un pasaje paralelo, a la idea de sujeción del Hijo, hacia el Padre; es aquella escritura, que dice que cuando el Hijo haya suprimido todo dominio y potencia entonces el Hijo mismo se sujetará al que le sujetó todas las cosas (1 Corintios 15:24-28). En efecto Cristo reina en su propio Trono al lado de su Padre, (Salmo 110:1; Marcos 12:36: 16:19; Hechos 2:29-36; Hebreos 1:1-13) y desde ahí; para su Padre controla el universo.

Marcos 16
[19] Y el Señor, después que les habló,
**fue recibido arriba en el cielo, y
se sentó a la diestra de Dios.**

Juan 17
[4] Yo te he glorificado en la tierra; he acabado la obra que me diste que hiciese.

⁵Ahora pues, **Padre, glorifícame tú al lado tuyo, con aquella gloria que tuve contigo antes que el mundo fuese.**

1 Corintios 15

²⁴Luego el fin, **cuando entregue el reino al Dios y Padre, cuando haya suprimido todo dominio, toda autoridad y potencia.** ²⁵Porque preciso es que él reine hasta que haya puesto a todos sus enemigos debajo de sus pies. ²⁶Y el postrer enemigo que será destruido es la muerte. ²⁷Porque todas las cosas las sujetó debajo de sus pies. Y **cuando dice que todas las cosas han sido sujetadas a él, claramente se exceptúa aquel que sujetó a él todas las cosas.** ²⁸Pero luego que todas las cosas le estén sujetas, entonces también el Hijo mismo se sujetará al que le sujetó a él todas las cosas, para que Dios sea todo en todos.

Apocalipsis 5

¹¹Y miré, y oí la voz de muchos ángeles alrededor del trono, y de los seres vivientes, y de los ancianos; y su número era millones de millones, ¹²que decían a gran voz: **El Cordero que fue inmolado es digno de tomar el poder, las riquezas, la sabiduría, la fortaleza, la honra, la gloria y la alabanza.** ¹³Y a todo lo creado que está en el cielo, y sobre la tierra, y debajo de la tierra, y en el mar, y a todas

las cosas que en ellos hay, oí decir: **Al que está sentado en el trono, y al Cordero, sea la alabanza, la honra, la gloria y el poder, por los siglos de los siglos.** [14]Los cuatro seres vivientes decían: Amén; y los veinticuatro ancianos se postraron sobre sus rostros y adoraron al que vive por los siglos de los siglos.

Daniel 7
[13]**Miraba yo en la visión de la noche, y he aquí con las nubes del cielo venía uno como un hijo de hombre, que vino hasta el Anciano de días, y le hicieron acercarse delante de él.** [14]Y le fue dado dominio, gloria y reino, para que todos los pueblos, naciones y lenguas le sirvieran; su dominio es dominio eterno, que nunca pasará, y su reino uno que no será destruido.

Hechos 7
[55]Pero Esteban, lleno del Espíritu Santo, puestos los ojos en el cielo, vio la gloria de Dios, y a Jesús que **estaba a la diestra de Dios,**

Hebreos 1
[8]**Mas del Hijo dice: Tu trono, oh Dios, por el siglo del siglo; Cetro de equidad es el cetro de tu reino.** [9]Has amado la justicia, y aborrecido la maldad, Por lo cual te ungió Dios, el Dios tuyo, Con óleo de alegría más que a tus compañeros. [10]Y: Tú, oh Señor, en el principio

fundaste la tierra, Y los cielos son obra de tus manos. [11] Ellos perecerán, mas tú permaneces; Y todos ellos se envejecerán como una vestidura, [12] Y como un vestido los envolverás, y serán mudados; Pero tú eres el mismo, Y tus años no acabarán. [13] Pues, ¿a cuál de los ángeles dijo Dios jamás: **Siéntate a mi diestra, Hasta que ponga a tus enemigos por estrado de tus pies?**

Hebreos 8

[1] Ahora bien, el punto principal de lo que venimos diciendo es que tenemos tal sumo sacerdote, el cual **se sentó a la diestra del trono de la Majestad en los cielos,**

La censura a la idea de ser entronados al lado de Jesús

En una ocasión dos hermanos hijos de Sebedeo, que eran discípulos de Jesús, le hicieron una petición al Maestro: que en su reino, uno de ellos se sentará a su derecha y el otro a su izquierda. (En otro de los pasajes, es la madre de ellos quien hace la petición; Mateo 20:20-29). En el contexto de estos pasajes, y entendiendo el desarrollo de los eventos; y por supuesto en base a las declaraciones de Jesús; en las cuales él estaba anunciando; un reino y una forma de dominio que él venía a implantar. Al parecer estos dos discípulos, pensaron que ese era el tiempo, y la época; en la que se materializaría el dominio literal de Jesucristo sobre este mundo; de ahí la petición de estos dos hermanos hacia Jesús. Sin embargo su deseo de sentarse a la derecha, o a la izquierda de Jesucristo;

fue censurado por el mismo Señor. Quien dijo que tales posiciones de gloria, serían delegadas; no por él, sino por su Padre celestial. Así que; si sentarse literalmente a la derecha, o a la izquierda de Jesús; es una osadía de la cual debemos desistir. Cuanto más debemos desistir de la jactanciosa idea; de sentarnos literalmente en su propio Trono, o en el Trono de su Padre; porque como hemos dicho, eso equivaldría a ser como Dios.

Marcos 10

35 Entonces Jacobo y Juan, hijos de Zebedeo, se le acercaron, diciendo: Maestro, querríamos que nos hagas lo que pidiéremos. **36**El les dijo: ¿Qué queréis que os haga? **37** Ellos le dijeron: **Concédenos que en tu gloria nos sentemos el uno a tu derecha, y el otro a tu izquierda. 38 Entonces Jesús les dijo: No sabéis lo que pedís.** ¿Podéis beber del vaso que yo bebo, o ser bautizados con el bautismo con que yo soy bautizado? **39**Ellos dijeron: Podemos. Jesús les dijo: A la verdad, del vaso que yo bebo, beberéis, y con el bautismo con que yo soy bautizado, seréis bautizados; **40 pero el sentaros a mi derecha y a mi izquierda, no es mío darlo, sino a aquellos para quienes está preparado.** **41** Cuando lo oyeron los diez, comenzaron a enojarse contra Jacobo y contra Juan. **42**

El Entronamiento del Cristiano

**Entonces en qué consiste la promesa al
vencedor de "sentarse con Jesús en su trono",**

El entronamiento del cristiano es una promesa que se repite en distintos pasajes de la escritura (Mateo 19:28; 2 Timoteo 2: 12; 1 Corintios 4:8; Hebreos 12:28; Apocalipsis 1:4-6; 4:2-11: 5:10; 20:4). Pero la invitación a sentarse con Jesús en su Trono, no debe de concebirse como un acto literal; sino como una expresión, que es sinónimo de reinar con Él; o como una invitación, a ser parte del equipo de gobierno, que regirá a la humanidad no transformada; que viva durante el milenio. Así que la frase "sentarse con Jesús en su Trono" debe tomarse como una invitación de honor supremo, que insinúa; que los cristianos que venzan en esta vida; para la futura época del milenio, retornaran con gloria, e inmortalidad; con su Señor y Maestro. Para ser participes en este mundo, de un sistema de dominio monárquico; en el cual los cristianos ejercerán la justicia, y la autoridad propias, de ese futuro reinado. Un ejemplo imperfecto acerca de esto, podría ser el hecho de que un individuo puede llegar a ser presidente de una país; y en la aplicación del ejercicio ejecutivo de su gobierno; junto con ese nuevo presidente estarán a su lado: un gabinete diplomático, un partido político, las instituciones legislativas y judiciales; con todas sus fuerzas de orden militares y policiacas. Y aunque es verdad que el presidente, es el que lleva la batuta en su gobierno; la realidad es que él no gobierna sólo; aquellos funcionarios de su gobierno; gobiernan al lado de él. Así también nosotros gobernaremos, desempeñando distintas funciones en ese glorioso reino.

Apocalipsis 20

4 Y vi tronos, y se sentaron sobre ellos los que recibieron facultad de juzgar; y vi las almas de los decapitados por causa del testimonio de Jesús y por la palabra de Dios, los que no habían adorado a la bestia ni a su imagen, y que no recibieron la marca en sus frentes ni en sus manos; y **vivieron y reinaron con Cristo mil años.**

2 Timoteo 2

12 Si sufrimos, **también reinaremos con él;** Si le negáremos, él también nos negará.

Sentados en lugares celestiales con Cristo

Efesios 2

4 Pero Dios, que es rico en misericordia, por su gran amor con que nos amó, 5 aun estando nosotros muertos en pecados, nos dio vida juntamente con Cristo (por gracia sois salvos), 6 y juntamente con él nos resucitó, y asimismo **nos hizo sentar en los lugares celestiales con Cristo Jesús,**

En este pasaje de Efesios 2:4-6; Pablo menciona que Dios *"nos hizo sentar en los lugares celestiales con Cristo Jesús".*

Esta expresión reveladora; nos ayuda en mucho, a entender el sentido correcto de la promesa; que dice, que al vencedor se le dará, el sentarse con Cristo en su trono, como él se ha sentado en el trono de su Padre.

Apocalipsis 3
²¹ Al que venciere, le daré que se siente conmigo en mi trono, así como yo he vencido, y me he sentado con mi Padre en su trono.

Sin embargo, como hemos visto; en su calidad de Hijo, Jesús nunca se sienta en el trono de su Padre; sino más bien en un trono delegado, a la diestra de su Padre (Juan 17:1-5; 1 Corintios 15:24-28; Salmo 110:1; Marcos 12:36: 16:19; Hechos 2:29-36; 7:55; Hebreos 1:1-13; 8:1; Apocalipsis 5:11-14; Daniel 7:13-14). Reinando con su Padre, y para su Padre (Filipenses 2:9-11)

Vea como la frase de Efesios 2:6; dice, prácticamente que ya se nos ha sentado en lugares celestiales con Cristo. Pero la realidad es que nosotros nunca hemos ascendido al cielo; mucho menos, nos hemos sentado en su trono de gloria. Entonces qué es lo que el apóstol Pablo trata de transmitir con esas palabras. Bueno, es una forma figurada de hacernos saber, que somos partícipes en la actualidad de un reino que ya ha comenzado; y es controlado por Jesús desde el cielo. Estamos sentados en lugares celestiales con El, no físicamente; sino más bien porque mientras estamos con El, o; en su corazón. A la vez estamos reinando con El; porque como embajadores de Cristo, ya se nos ha dado autoridad; para anunciar y administrar el reino de los cielos (2 Corintios 5:20).

De ahí que a este reino, a veces se le mencione como un reino celestial, que ya empezó a funcionar; pero que hará un total despliegue de dominio en el mundo; cuando Jesucristo retorne en gloria, para establecer su dominio literal en la tierra.

Hebreos 10
[12] pero Cristo, habiendo ofrecido una vez para siempre un solo sacrificio por los pecados, se ha sentado a la diestra de Dios, [13] de ahí en adelante esperando hasta que sus enemigos sean puestos por estrado de sus pies;

Mateo 4:17
[17] Desde entonces comenzó Jesús a predicar, y a decir: Arrepentíos, porque el reino de los cielos se ha acercado.

Mateo 5
[10] Bienaventurados los que padecen persecución por causa de la justicia, porque de ellos es el reino de los cielos.

Mateo 16
[19] Y a ti te daré las llaves del reino de los cielos; y todo lo que atares en la tierra será atado en los cielos; y todo lo que desatares en la tierra será desatado en los cielos.

Lucas 22

²⁹Yo, pues, os asigno un reino, como mi Padre me lo asignó a mí, ³⁰para que comáis y bebáis a mi mesa en mi reino, y os sentéis en tronos juzgando a las doce tribus de Israel.

Mateo 25

¹⁴Porque el reino de los cielos es como un hombre que yéndose lejos, llamó a sus siervos y les entregó sus bienes. ¹⁵A uno dio cinco talentos, y a otro dos, y a otro uno, a cada uno conforme a su capacidad; y luego se fue lejos.

Lucas 11

²Y les dijo: Cuando oréis, decid: Padre nuestro que estás en los cielos, santificado sea tu nombre. Venga tu reino. Hágase tu voluntad, como en el cielo, así también en la tierra.

24 Tronos en el cielo

La visión del apóstol Juan, de los 24 ancianos allá en el cielo; sentados en sus tronos, y coronados de gloria ante la presencia de Dios y del Cordero (Apocalipsis capítulos 4 y 5). Goza de una interpretación, en la que se nos sugiere; que estos ancianos son la representación de todos los redimidos de todos los tiempos. O sea, ahí está incluido; todo el pueblo cristiano. Si leemos los dos capítulos, entonces habremos de notar; que Dios está en un trono; el más grande trono. Jesús está en su respectivo trono; que de ninguna manera es menos importante. Y enseguida veamos, que cada uno de esos 24 ancianos; están sentados muy aparte en tronos individuales. La posición de ellos, es de dominio, de gloria, de reinado sobre el universo. Aquí es bueno señalar, que esos 24 ancianos; no son vistos tratando escalar a otro trono, o a otra posición que no le ha sido delegada; al contrario ellos toman sus coronas, y postrados de rodillas; arrojan ese ornamento símbolo de dominio, gloria, y autoridad; a los pies del Cordero y del que está sentado en el trono (Dios). Así que descartemos la idea literal, de sentarnos en su trono; y veamos que más bien se nos promete; ser parte del entronizado grupo de seres, que dominarán el mundo en el milenio; y del nuevo universo que Dios habrá de crear.

Apocalipsis 21

¹ Vi un cielo nuevo y una tierra nueva;
porque el primer cielo y la primera tierra
pasaron, y el mar ya no existía más.

2 Pedro 3

¹⁰ Pero el día del Señor vendrá como ladrón en la
noche; en el cual los cielos pasarán con grande
estruendo, y los elementos ardiendo serán
deshechos, y la tierra y las obras que en ella hay
serán quemadas. ¹¹ Puesto que todas estas cosas
han de ser deshechas, !! cómo no debéis vosotros
andar en santa y piadosa manera de vivir, ¹²
esperando y apresurándoos para la venida del
día de Dios, en el cual los cielos, encendiéndose,
serán deshechos, y los elementos, siendo

quemados, se fundirán! [13] Pero **nosotros**
esperamos, según sus promesas, cielos nuevos
y tierra nueva, en los cuales mora la justicia.

Los doce tronos prometidos a los apóstoles

El tema de la promesa a los cristianos, de ser sentados
en tronos; va en paralelo con la promesa de Cristo a los
apóstoles. A los cuales se les prometió, que ellos un día; se
sentarían sobre doce tronos, para juzgar a las doce tribus de
Israel.

Mateo 19

[28] Y Jesús les dijo: De cierto os digo que en la
regeneración, cuando el Hijo del Hombre se
siente en el trono de su gloria, vosotros que me
habéis seguido también os sentaréis sobre doce
tronos, para juzgar a las doce tribus de Israel.

La Biblia nos enseña que viene la época (el milenio) en la que
el Mesías se sentara en su glorioso trono davídico; y reinara
sobre toda la tierra. Entonces los santos en su conjunto
reinarán junto con él (Daniel 7:27; Apocalipsis 2:26-27;
3:21; 5:10).

Pero enfáticamente se nos dice, que los doce apóstoles serán
sentados sobre doce tronos; para juzgar a las doce tribus de
Israel ya restauradas. Mientras tanto los santos en su conjunto;
estarán involucrados en el reino mundial del Mesías.

Así que vale la pena esforzarnos hoy, para que terminada esta vida pasajera; entremos listos al reino que Dios, ha preparado para nosotros. Un reino de inmortales en una naturaleza perfecta; en un universo diseñado, para disfrutar al máximo de la presencia de Dios y su gloria eterna.

Nota final:
Nuestra unión con Cristo

La vida pasajera del cristiano, ha sido colmada por Dios; de grandes privilegios, autoridad, dones y potestades (Marcos 3:13-15; Lucas 9:1-6; 10:1-20: Hechos 1:6-8). Con el objetivo de que el cristiano desarrolle su santa vocación (1 Corintios 1:26-31; Efesios 4:1-4; 2 Pedro 1:10); y cumpla así con los propósitos para los cuales el Señor le ha llamado. Sin embargo estas gracias y autoridad concedidas, se expandirán a niveles apropiados; y altamente exaltados, para las épocas del milenio; así como para la eternidad futura (Romanos 8:18). Y puesto que el destino del cristiano fiel, está estrechamente ligado al destino de su Amo y Señor Jesucristo (Juan 12:26; 14:1-3; 17:21-23; Romanos 14:9; 1 Tesalonicenses 4:17; 2 Timoteo 2:12; Apocalipsis 7:17); la glorificación del creyente es un hecho eminente. ¡Sí!, el cristiano en la actualidad, goza de un asombroso estado de exaltación; ya que no solo se le a constituido como heredero de Dios y coheredero con Cristo (Romanos 8:16-17). Con Cristo también ha llegado a ser, uno en propósitos, uno en anhelos; y uno en destino. Alegóricamente en su calidad de iglesia, como novia y futura esposa de Cristo; esta místicamente unido a Jesús; como dos conyugues (2 Corintios 11:2; Efesios 5:21-32; Apocalipsis 19:7-9). El cristiano fue crucificado, muerto, sepultados, y resucitados con Cristo (Romanos 6:3-11; Gálatas 2:20; Efesios 2:1-6). En Cristo, el cristiano es una nueva criatura (2 Corintios

5:17); invencible (Romanos 8:28-39); que posee la mente de su Señor (1Corintios 2:16); y la presencia de su Espíritu en él, (Romanos 8:9-11). Pero todo esto, son solo primicias de la glorias que esperan al creyente; por unión su mística con Cristo (Romanos 8:18; Efesios 1:13-14; 2:4-7; 1 Corintios 2:9; 2 Corintios 1:21-22)

Juan 17

[21] para que **todos sean uno; como tú, oh Padre, en mí, y yo en ti, que también ellos sean uno en nosotros;** para que el mundo crea que tú me enviaste. [22] La gloria que me diste, yo les he dado, para que sean uno, así como nosotros somos uno. [23] **Yo en ellos, y tú en mí,** para que sean perfectos en unidad, para que el mundo conozca que tú me enviaste, y que los has amado a ellos como también a mí me has amado.

Conclusión

La biblia menciona que la fe y el carácter del cristiano deben ser procesados; por aflicciones, vituperios y tribulaciones. Se ha hecho, de él; un espectáculo al mundo, a los ángeles y a los hombres (1 Corintios 4:9; Hebreos 10:33). El cristiano tiene una vocación (Efesios 4:1-4; 2 Pedro 1:10) que sin lugar a duda llevará a cabo y cumplirá con todas las expectativas que su llamamiento implica. La competencia por esos galardones está en su apogeo y los días de nuestra vida, son días de prueba; es el tiempo en el cual debemos de pelear la buena batalla; de correr la buena carrera de la fe, de sembrar la buena semilla, de edificar para el Señor. Sin embargo muchos primeros serán postreros, y muchos postreros primeros (Mateo 19:30; Lucas 13:30).

1 Corintios 4
9 Porque según pienso, Dios nos ha
exhibido a nosotros los apóstoles como
postreros, como a sentenciados a muerte;
pues hemos llegado a ser espectáculo al
mundo, a los ángeles y a los hombres.

Hebreos 10
33 por una parte, ciertamente, con vituperios
y tribulaciones fuisteis hechos espectáculo;
y por otra, llegasteis a ser compañeros de los
que estaban en una situación semejante.

1 Corintios 10

¹²Así que, el que piensa estar firme, mire que no caiga. ¹³No os ha sobrevenido ninguna tentación que no sea humana; pero fiel es Dios, que no os dejará ser tentados más de lo que podéis resistir, sino que dará también juntamente con la tentación la salida, para que podáis soportar.

Juan 4

³⁵¿No decís vosotros: Aún faltan cuatro meses para que llegue la siega? He aquí os digo: Alzad vuestros ojos y mirad los campos, porque ya están blancos para la siega. ³⁶Y el que siega recibe salario, y recoge fruto para vida eterna, para que el que siembra goce juntamente con el que siega. ³⁷Porque en esto es verdadero el dicho: Uno es el que siembra, y otro es el que siega. ³⁸Yo os he enviado a segar lo que vosotros no labrasteis; otros labraron, y vosotros habéis entrado en sus labores.

No hay suficiente masa cefálica en el ser humano, como para poder asimilar todas las riquezas, galardones, honras, y coronas, que Dios ha preparado para nosotros allá en la eternidad; cuando seamos transformados; así que adelante en nuestra conquista por el mundo, para la gloria de Dios.

1 Corintios 2

⁹Antes bien, como está escrito: Cosas que ojo no vio, ni oído oyó, Ni han subido

en corazón de hombre, Son las que Dios
ha preparado para los que le aman.

Hebreos 12

"[1] Por tanto, nosotros también, teniendo en
derredor nuestro tan grande nube de testigos,
despojémonos de todo peso y del pecado que
nos asedia, y corramos con paciencia la carrera
que tenemos por delante, [2] puestos los ojos en
Jesús, el autor y consumador de la fe, el cual
por el gozo puesto delante de él sufrió la cruz,
menospreciando el oprobio, y se sentó a la
diestra del trono de Dios. [3] Considerad a aquel
que sufrió tal contradicción de pecadores contra
sí mismo, para que vuestro ánimo no se canse
hasta desmayar. [4] Porque aún no habéis resistido
hasta la sangre, combatiendo contra el pecado;"

Printed in the United States
by Baker & Taylor Publisher Services

Printed in the United States
by Baker & Taylor Publisher Services